KB039745

바빌론의
부자
멘토
와
꼬마
제자

철학이 있는 부자가 들려주는
돈에 대한 가르침

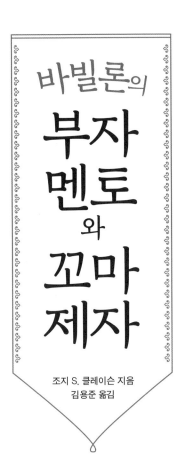

바빌론의
부자
멘토
와
꼬마
제자

조지 S. 클레이슨 지음
김용준 옮김

퍼스트펭귄

고대 바빌론으로 떠나는
부(富)의 여정

한 나라의 부는 국민 한 사람, 한 사람의 경제적 부에 따라 결정됩니다. 이 책은 그 한 사람의 금전적 성공이 어떻게 만들어지는가에 대한 이야기를 담고 있습니다. 여기서 말하는 성공이란, 노력의 결과이자 성취를 말합니다. 이 성공을 이뤄내려면, 그것을 가능하게 만들어줄 적절한 준비와 행동이 필요합니다. 준비하고 행동하려면 그 전에 자신의 생각과 계획이 정리가 돼야 하고, 또 그러려면 그에 대한 이해가 필요합니다.

'돈을 버는 지혜'를 알려주는 이 책은 돈의 흐름을 이해하는 가장 기본적인 통찰력을 제공하기 위해 쓰였습니다. 금전적 성공을 꿈꾸는 모든 이들에게 '돈을 벌고, 지키고, 더 많이 쌓는 길'로 안내하는 지침서라고 할 수 있습니다. 여기에 기록된 원칙들은 '중력의 법칙'처럼 보편적인 불변의 진리이며, 이미 전 세계 수많은 독자가 이 책을 읽고 열광적인 반응을 보였습니다. 새로운 독자들 역시 돈에 대한 관점을 바로 세우는 지혜를 얻을 수 있을 것이라 믿습니다.

이 책에서 우리는 전 세계에서 유용하다고 인정받은 금융의 기본 원칙이 시작된 고대 바빌론으로 떠날 겁니다. 바빌론이 고대 세계에서 가장 부유한 도시가 될 수 있었던 것은 바빌론 시민들이 세계에서 가장 부유했기 때문입니다. 그들은 돈의 가치를 이해하고 있었고, 돈을 벌고 돈을 지키는 법을 알았으며, 더 많은 돈을 벌기 위한 지혜로운 원칙을 실천했습니다.

이 책의 가치를 널리 전해 준 전 세계 수많은 유명 인사들에게 감사의 말씀을 전합니다. 이 책에서 말하는 가르침을 몸소 실천해 큰 성공을 거둔 그들이야말로 이 책의 진가를 입증해 주는 가장 값진 증인들입니다. 그리고 이제, 여러분 차례입니다. 부디 흥미롭고 유익한 여정이 되시길 바랍니다.

조지 S. 클레이슨

부자 멘토가 알려주는
'절대 변하지 않는 원칙'

1926년 미국에서 처음 출간된 『바빌론 최고의 부자(The richest man in Babylon)』는 전 세계에서 가장 많이 읽혔으며, 가장 오랫동안 사랑받은 고전 중 하나입니다.

고대 바빌론을 배경으로 돈을 모으고, 지키며, 불리는 원리와 원칙을 알려주는 보석 같은 우화들은 당시 자산가들과 금융인들 사이에서 선풍적인 인기를 끌었고, 순식간에 전 세계적인 베스트셀러가 되었습니다. 무려 40여 개 나라에서 1000종류가 넘는

판본으로 출간되며 수억 명에 이르는 사람들에게 영향을 끼쳤지요. 우리나라에도 '바빌론 부자들의 돈 버는 지혜'라는 제목으로 몇 차례 소개된 바 있습니다.

『바빌론의 부자 멘토와 꼬마 제자』는 바로 그 '불멸의 고전'을 완전히 새롭게 재탄생시킨 책입니다. 이제 막 경제에 눈을 뜨고, 돈에 대한 관심과 고민이 많아지는 청소년 여러분들도 더욱 쉽고 흥미롭게 공감할 수 있도록 스토리텔링에 생동감을 더한 것은 물론 이해를 높여줄 지식과 정보도 더 알차게 채웠습니다. 그리고 이야기로만 끝나는 것이 아니라 여러분이 일상에서 적용해 보거나 스스로 생각하는 힘을 키우도록 도와줄 '더 생각하기' 섹션도 추가했습니다.

어떤 사람은 평생 돈에 휘둘리며 살지만, 어떤 사람은 어려서부터 '돈을 다루는 능력'을 키우며 지혜로운 부자로 성장합니다. 무엇이 그 차이를 만드는 걸까요? 바로 여기, 그 비밀의 열쇠가 숨겨져 있습니다.

이 책에는 복잡하고 어려운 경제 용어가 없지만, 인생을 살아가는 데 필요한 강력한 교훈은 담겨 있습니다. 그저 흥미진진하게 펼쳐지는 이야기 속 인물들의 여정을 따라가기만 해도 됩니다. 즐겁게 페이지를 넘기다 보면, 어느새 세상 돌아가는 이치와 돈이 쌓이는 원칙, 부의 원리를 배울 수 있을 테니까요.

10대 때 깨우친 '돈의 철학'은 여러분이 앞으로 만나게 될 인생의 크기를 좌우할 수도 있습니다. 그러니 이 책과 함께 돈에 대한 관점을 차근차근 바로 세워나가기를 바랍니다. 단순히 '돈을 밝히는' 어른이 아니라 '돈에 밝은' 현명한 어른으로 성장하기를 기대하겠습니다.

그럼 이제, 흥미로운 이야기를 가득 담고 있는 고대 바빌론으로 모험을 떠날 준비가 되었나요? '돈의 철학'을 깨치고, '부의 원리'를 이해하며, '부의 세계' 속으로 떠나는 여정, 지금부터 함께 떠나봅시다!

바빌론의 역사

부유하고 찬란했던 도시, 바빌론

역사적으로 **바빌론**보다 더 매혹적인 도시는 없을 겁니다. 그 이름만 들어도 풍요와 화려함이 저절로 떠오르지요. 황금과 보석 같은 보물들이 넘쳐나고 천혜의 자원으로 둘러싸인 풍부한 열대 우림 환경에서 번성한 도시의 모습을 상상하게 됩니다.

하지만 바빌론의 환경은 전혀 그렇지 않았습니다. 유프라테스 강변의 평평하고 메마른 계곡에 자리한 바빌론에는 풍성한 삼림이나 광산은 고사하고 건물을 지을 돌조차 없었지요. 게다가 강수량이 적어서 농작물을 기르기에 적합하지도 않았고요. 무역에 필요한 도로도 제대로 정비되어 있지 않았습니다. 그런데 이렇

바빌론 Babylon

이라크의 고대 유적으로 티그리스강과 유프라테스강 사이인 메소포타미아 지역에서, 두 강이 가까워지는 곳에 있습니다. 오늘날 지도에서 찾는다면 이라크의 수도인 바그다드 남쪽의 엘힐라 부근이라고 할 수 있어요. 고-중-신바빌로니아의 수도였던 바빌론은 기원전 18세기부터 기원전 4세기까지 약 1500년간 세계 최대 도시로 번영했습니다. 인류 문명 초창기에 관개 농업을 시행한 도시 중 하나였고, 적극적인 무역으로 인류 역사에 한 획을 그은 도시이기도 합니다.

게 척박한 환경의 바빌론이 매혹적인 도시라니요?

바빌론은 목표가 있다면 반드시 달성할 수 있다는 것을 보여주는 아주 좋은 사례입니다. 이 대도시를 지탱한 자원은 모두 인간이 개발한 것으로, 바빌론의 모든 부유함은 사람이 이루어낸 성과였습니다.

바빌론에는 오직 두 가지 천연자원만 있었습니다. 바로 비옥한 토양과 유프라테스강입니다. 바빌론의 토목 기술자들은 댐을 짓고 거대한 관개 운하를 통해 강물의 흐름을 바꾸어 놓았어요. 이 운하들은 계곡을 가로질러 메마른 토양에 생명의 물을 쏟아부었지요. 역사상 최초로 이루어진 토목 공사 중 하나인 이 관개 시스템 덕분에 농부들은 풍성한 농작물을 수확할 수 있었습니다.

다행히도 바빌론을 통치한 왕들은 정복과 약탈에 눈먼 이들이 아니었습니다. 바빌론에서 일어난 대부분의 전쟁은 이 도시의 엄청난 보물을 탐내는 야심 찬 정복자들에 맞서기 위한 방어전

전성기 바빌론의 모습

이었어요. 바빌론의 뛰어난 통치자들은 지혜, 진취성, 정의로움의 대명사로 지금까지 전해지고 있습니다. 이기심을 앞세워 다른 나라들을 정복하고 굴복시키려 했던 오만한 군주가 바빌론에는 없었지요.

그러나 바빌론이라는 도시는 더 이상 존재하지 않습니다. 수천 년 동안 도시에 활력을 불어넣었던 사람들이 하나둘 떠나면서 바빌론은 황량한 폐허가 되었습니다.

　한때 많은 사람들의 터전이자, 관개 농업으로 풍부한 수확물을 거둬들였던 유프라테스강 계곡은 다시 바람이 휩쓸고 간 건조한 황무지가 되었습니다. 드문드문 자란 풀들과 사막의 관목들이 바람에 날리는 모래에 맞서 살아남기 위해 안간힘을 쓰고 있을 뿐 비옥한 들판과 거대한 도시, 물품을 가득 실은 긴 대상의 행렬은 모두 사라졌지요.

　이후 이곳을 지나던 여행자들은 아주 오랫동안 계곡 여기저기 있던 모래 언덕들을 대수롭지 않게 여겼습니다. 그러다 고고학자들이 폭풍우로 씻겨 내려간 언덕에서 깨진 도자기와 벽돌 조

각들을 발견하면서 마침내 깊숙이 묻혀 있던 거대한 세계가 등
장하게 됩니다. 유럽과 미국의 박물관에서 자금을 지원받은 탐
험대가 발굴 작업을 진행하기 위해 이곳에 파견되었고, 그들이
삽과 곡괭이로 언덕을 파고 들어가자 고대 도시의 흔적들이 서
서히 모습을 드러냈어요. 가히 도시 무덤이라고 불릴 만큼 엄청
났습니다.

바빌론도 이때 발견된 고대 도시 중 하나였습니다. 약 2000년
동안 바람이 그곳에 사막의 먼지를 흩뿌렸지요. 벽돌로 지어진

성벽은 모두 붕괴되어 흙더미가 되었지만, 바로 그 안에 부유했던 도시, 바빌론이 있었던 것입니다. 무수한 세월 동안 흙더미에 덮인 채 방치된 거리와 무너진 신전과 궁전의 잔해를 조심스럽게 치워 발견하기 전까지는 아무도 그 이름조차 알지 못했던 곳이었습니다.

많은 과학자가 바빌론과 이 계곡 인근에 있던 도시들을 '확실한 기록이 있는 가장 오래된 문명'으로 간주합니다. 이 문명은 지금으로부터 약 8000년 전까지 거슬러 올라갑니다. 연대를 확인하는 데 결정적인 역할을 한 것은 바빌론 유적에서 발견된 일식에 관한 기록입니다. 현대 천문학자들은 그 자료를 토대로 바빌론에서 일식이 일어난 때를 계산해 도시의 연대를 추정했지요. 이렇게 학자들은 8000년 전 수메르인들이 성벽으로 둘러싸인 바빌론이라는 도시에서 살고 있었다는 것을 밝혀냈습니다.

수메르인들은 방어막을 두르고 살던 미개인이 아니라 교육을 받고 개화된 사람들이었습니다. 기록에 따르면 그들은 공학자, 천문학자, 수학자, 금융가였을 뿐만 아니라 문자를 사용한 최초의 인류였습니다.

메마른 계곡을 농업의 천국으로 바꾼 관개 운하의 유적도 대부분 모래로 뒤덮였지만, 여전히 흔적이 남아 있습니다. 그중에는 바닥을 따라 말 열두 마리가 나란히 지나갈 수 있을 정도로 규모가 큰 것도 있었습니다. 규모 면에서는 콜로라도와 유타에서 가장 큰 운하와 견줄 만하지요.

바빌론의 기술자들은 관개 시설을 설치한 것 외에 다른 대규모 사업도 완성했습니다. 정교한 배수 시스템을 통해 유프라테스강과 티그리스강 하구에 있는 광대한 늪지대를 매립하여 경작지로 만든 것입니다.

그리스의 여행가이자 역사가인 **헤로도토스**는 바빌론이 전성기를 보냈던 시기에 이곳을 방문하여 외부인으로서 유일한 기록을 남겼습니다. 그는 바빌론에 대한 생생한 묘사와 함께 바빌론 사람들의 특이한 관습을 묘사했지요. 놀라울 정도로 비옥한 토양과 그들이 재배한 밀

헤로도토스 Herodotos

고대 그리스의 역사가, 탐험가, 작가로 서양에서 말하는 '역사' 라는 개념을 만든 사람이 바로 헤로도토스입니다. 그리스와 페르시아 간 대전쟁을 다룬 『역사』라는 책을 썼고, 서양에서는 '역사의 아버지'라고 불리죠. '역사'는 그리스어로 '조사하다, 조사해서 알다'라는 의미를 갖고 있어요. 그는 상상이 아닌 직접 발로 뛰어 조사하고 탐험한 것들을 기록으로 남겼습니다. 헤로도토스가 현지에서 만난 사람들과 나눈 대화 내용들은 『역사』의 가장 중요한 자료가 되기도 했습니다.

과 보리의 풍성한 수확량에 대해서도 언급했고요.

바빌론의 영광은 사라졌지만, 바빌론 사람들의 지혜는 지금까지 잘 보존되어 있습니다. 바로 그들의 기록 방식 덕분입니다. 당시에는 아직 종이가 발명되지 않았기 때문에 사람들은 촉촉한 점토판 위에 정성껏 글자를 새겼습니다. 그리고 완성된 판은 구워 단단한 타일로 만들었지요. 타일 하나의 크기는 가로 12센티미터, 세로 15센티미터 정도이며, 두께는 2.5센티미터 정도 됩니다.

고고학자들은 폐허가 된 도시에 안전하게 묻혀 있던 수십만 개에 달하는 점토판을 발견했습니다.

흔히 '**점토판**'이라고 불리는 이 흙판은 현대의 종이처럼 널리 쓰였습니다. 여기에는 전설, 시, 역사, 그리고 왕실의 법령과 토지법도 쓰여 있습니다. 이 흙판은 소유권과 약속어음의 역할을 했을 뿐만 아니라 편지처럼 먼 도시에 보내지기도 했습니다. 이를

점토판

기록할 만한 재료를 쉽게 구할 수 없었던 바빌로니아인들은 주변의 진흙을 사용해 점토판을 만들었고, 갈대로 문자(쐐기문자)를 새겨 넣었습니다. 점토판에는 당시의 일상과 생각을 짐작할 수 있는 것들이 기록으로 남아 있습니다. 특히 현존하는 가장 오래된 세계 지도가 새겨진 점토판에는 바빌로니아를 지도의 중심에, 다른 나라를 주변에 그렸어요. 이를 통해 당시 바빌로니아인의 세계관도 엿볼 수 있습니다.

통해 우리는 그 시대 사람들의 생활상까지도 엿볼 수 있지요. 다음은 점토판에 새겨진 어느 시골 상점 주인의 기록입니다.

정해진 날짜에 고객이 소 한 마리를 데려와서 밀 일곱 자루와 교환했다. 그런데 세 자루는 그날 바로 전달했고, 나머지 네 자루는 고객이 원해서 보관했다.

바빌론의 놀라운 불가사의 중 하나는 도시를 둘러싸고 있는 거대한 성벽입니다. 바빌론을 통치한 아시리아의 **세미라미스 여왕**이 기원전 9세기에 이 성벽을 세운 것으로 알려져 있어요. 오래전 기록에 의하면 성벽의 높이는 15~18미터 정도였고, 외벽은 구운 벽돌로 마감되었으며, 깊게 파인 해자가 성벽을 보호했다고 합니다.

그 후 이 성벽은 기원전 약 600년 전에 신바빌로니아 제국의 첫 번째 왕인 **나보폴라사르**에 의해 재건축되었습니다. 엄청난 규

세미라미스 여왕

도시 바빌론을 통치한 아시리아의 여왕. 42년간 왕위에 있으며 아시리아를 강국으로 만들었는데, 아들에게 왕위를 물려준 후 비둘기 모양으로 날아가 사라졌다는 전설이 있습니다. 이 이야기는 볼테르의 희곡이나 여러 작품에 아름답고 매혹적으로 그려졌습니다.

나보폴라사르 왕

신바빌로니아 제국의 첫 번째 왕입니다. 그는 쇠락해진 아시리아를 공격해 신바빌로니아를 세웠습니다. 이후 주변국과 전쟁을 통해 세력을 확장했고, 자국의 중흥을 위해 왕궁과 신전을 짓고, 유프라테스강에 돌다리를 놓는 등 건축과 토목에 신경을 썼습니다. 신바빌로니아는 나보폴라사르 왕의 노력으로 점차 강력한 나라로 자리매김을 할 수 있었습니다.

느부갓네살 왕

'네부카드네자르'라고도 불리는 신바빌로니아의 2대 국왕으로 '정복의 왕'이란 별명답게 맹렬한 정복 활동으로 신바빌로니아를 세계에서 가장 강력한 제국 중 하나로 만들었습니다. 또한 그는 건축의 왕이기도 했어요. 아내 아미티스 왕비를 위해 지은 바빌론의 공중 정원을 비롯해 『성경』에 나오는 에테멘앙키 등 많은 건축물을 지었습니다.

모의 재건을 계획한 왕은 성벽이 완공되는 것을 보지 못하고 세상을 떠났지만, 성서에도 자주 등장하는 그의 아들 **느부갓네살**이 이 공사를 이어받았지요.

이 성벽의 높이와 길이는 믿기지 않을 정도입니다. 자료에 따르면 그 높이가 오늘날 15층짜리 건물의 높이와 맞먹는 50미터에 달했다고 하니까요. 총 길이는 무려 15~18킬로미터로 추정됩니다. 성벽 윗부분도 폭이 워낙 넓어서 여섯 마리의 말이 이끄는 전차가 그 주위를 달릴 수 있을 정도였다고 합니다.

정복의 시대에는 야심가들이 앞다투어 이 바빌론 성벽을 향해 진군했습니다. 당시의 침략군이 결코 만만한 상대가 아니었음에도 불구하고 번번이 실패했습니다. 역사가들에 의하면 당시 군대는 기병 1만 명, 전차 2만 5000대, 보병 1200개 연대(연대당 1000명)의 규모였다고 합니다. 이 정도 규모로 전쟁을 치르려면

바빌론의 도시 풍경을 묘사한 그림. 말을 타고 있는 인물이 세미라미스 여왕이다.

전쟁 물자를 모으고 식량을 순비하는 데에도 대략 2~3년이 필요했을 정도라고 하죠. 하지만 이 거대한 성벽도 현재 기둥과 해자의 흔적을 제외하고는 거의 남아 있지 않습니다.

바빌론은 현대의 도시처럼 체계화되어 있었습니다. 거리도 잘 조성되었고 주변에는 많은 상점이 들어서 있었지요. 상인들은 사람들이 거주하는 지역을 다니며 물건을 팔았고, 사제들은 웅장한 신전에서 제사를 집전했습니다. 도시 안에는 왕궁을 둘러싼 내부 성벽이 있었는데, 이 성벽은 도시를 둘러싼 성벽보다 더 높았다고 합니다.

바빌론 사람들은 예술에도 조예가 깊었습니다. 조각, 회화, 직조, 금세공, 금속 무기와 농기구 제조에 탁월했지요. 바빌론 유적에서 발굴된 보석을 보면 당시 보석 세공인들의 뛰어난 감각을 가늠할 수 있답니다. 무덤에서 발굴된 보석들은 현재 세계 유수의 박물관에서 전시되고 있습니다. 당시에 다른 지역에서는 돌로 만든 도끼로 나무를 베었고 부싯돌로 만든 창과 화살로 사냥했지만, 바빌론 사람들은 금속으로 만든 도끼와 창, 화살을 사용할 정도였습니다.

바빌론의 3D 복원도. 한가운데 푸른 빛의 '이슈타르 문'이 보이고, 우측에 높이 솟은 곳이 바벨탑으로 알려진 대신전이다.

또한 바빌론 사람들은 똑똑한 금융가이자 상인이기도 했습니다. 지금까지 알려진 바에 의하면, 그들은 화폐와 약속 어음(일정 금액을 특정한 시기와 장소에서 주겠다고 약속한 재산적, 법적 가치가 있는 문서), 재산에 대한 서면 소유권을 최초로 발명해 왕성한 경제 활동을 해나갔습니다.

바빌론은 기원전 540년경에 적개심을 품은 군대에 처음으로 침략당했지만, 그때도 성벽은 함락되지 않았습니다. 사실 바빌론의 함락에 관한 이야기는 매우 특이합니다. 당대의 정복자 중 한 명인 페르시아 제국의 키루스 2세는 쉽게 함락되지 않는, 그 난공불락(難攻不落)의 바빌론 성벽을 점령하고 싶었습니다. 당시 바빌로니아 제국의 왕은 나보니두스였는데, 그때 참모들은 도시가 포위될 때까지 기다리지 말고 키루스 2세에 맞서 전투를 벌이라고 조언했습니다. 하지만 바빌론 군대는 이렇다 할 항거도 없이 패했고, 병사들은 도시 밖으로 달아났습니다. 키루스 2세는 아무런 저항 없이 열린 이슈타르 문으로 들어갔고, 마침내 바빌론을 손에 넣었습니다.

그렇게 바빌론은 멸망했습니다. 그 이후 수많은 시간이 지나면서 방치되고 황폐해졌지요. 웅장했던 사막의 땅은 바람과 폭풍에 쓸려 묻혔고 그 위로 모래가 오랜 시간 동안 쌓여갔습니다. 바빌론은 몰락했고 다시 도시로서 번영하지 못했지만, 그들이 남긴 우수한 문명의 발자취는 우리에게 많은 영향을 미쳤습니다. 세월이 흐르면서 바빌론의 자랑스러운 신전 벽은 무너져 먼

지가 되었지만, 바빌론의 지혜는 세상 곳곳에 남아 여전히 살아

숨 쉬고 있으니까요.

1장

두 청년의 깨달음

세상에는 돈 많은 사람들이 넘쳐나지만
정작 우리는 가진 게 없어.

평생 뼈 빠지게 일을 했는데도 빈털터리지.
도대체 무슨 문제가 있는 거지?

왜 우리는 먹고 입고 자고도 남을 만큼
충분한 돈을 가질 수 없는 걸까?

열심히 일하는데
왜 계속 가난한 걸까?

바빌론의 젊은 마차 제작공, 반시르는 수심에 가득 찬 얼굴로 집 담벼락 밑에 앉아 너무도 초라한 자신의 집을 물끄러미 바라보고 있었습니다. 그가 만들다 만 마차는 길가 덩그러니 놓여 있었지요.

그의 아내는 마당과 연결된 문으로 들락거리며 그를 힐끔힐끔 쳐다보았습니다. 아내의 눈빛은 '빨리 마차를 만들지 않고 뭐 하고 있냐'고 타박하는 듯했지요. 아내의 재촉을 느낀 반시르는 집에 식량이 거의 떨어져 간다는 사실을 알 수 있었습니다. 그

건 한시라도 빨리 마차를 완성해야만 한다는 뜻이기도 했습니다. 부지런히 망치질하고 쇠 톱질을 한 다음 그럴싸하게 색칠도 하고 윤도 내야 했어요. 돈 많은 고객이 주문하면 곧바로 배달할 수 있게 바퀴 테두리에 팽팽하게 가죽도 덧대야 하고 말입니다.

그러나 담벼락에 기대앉은 그의 무거운 몸은 도무지 일어날 줄 몰랐습니다. 그의 머릿속에는 아무리 생각해도 답이 떠오르지 않는 문제가 떡 하니 자리하고 있었으니까요. 문제와 씨름하느라 일그러진 그의 얼굴에는 뜨거운 태양까지 사정없이 내리쬐었습니다. 이마에 구슬처럼 맺힌 땀방울이 흘러내려 가슴 아래로 뚝뚝 떨어졌지요.

반시르의 집 너머에는 왕궁을 둘러싼 높은 계단식 성벽이 우뚝 솟아 있었습니다. 멋지고 화려한 탑이 마치 푸른 하늘을 둘로 갈라놓은 것 같았습니다. 웅장한 건물이 만들어낸 그늘 아래로 반시르가 사는 곳처럼 초라하고 허름한 집들도 많이 있었습니다. 바빌론은 그런 곳이었습니다. 이 도시 안에는 웅장한 건물과 초라한 집, 엄청난 부자와 지독히도 가난한 이들이 뒤섞여 살고 있었습니다.

부자들이 탄 마차가 요란한 소리를 내며 지나갔습니다. 그 바람에 낡은 샌들을 신은 장사꾼들과 맨발로 있던 거지들이 허둥지둥 옆으로 밀려났지요. 그러나 부자들도 어쩔 수 없이 길가로 비켜서야 하는 때가 있었습니다. **'공중 정원'** 공사에 물을 나르는 노예 행렬이 지나갈 때였죠.

고민에 푹 빠져 있는 반시르에게는 소란스러운 도시의 소음이 전혀 들리지 않았습니다. 그때 귀에 익은 리라(기원전 3000년경부터 메소포타미아 지역에서 처음 사용된 현악기) 소리가 생각에 잠긴 그를 깨웠습니다. 소리가

공중 정원

공중에 떠 있는 것이 아니라 건물 옥상에 있는 거대한 정원입니다. 기록에 따르면 정원은 밑단의 가로, 세로가 각 123미터, 높이가 7층 건물 정도의 규모로 바빌론 내부 성벽보다도 더 높았다고 해요. 경사진 계단마다 테라스가 있었는데 거기에는 온갖 나무들과 아름다운 꽃들이 장식되어 있습니다. 그래서 정원 외부에서 보면 마치 작은 산과 같았지요.

사막에 있는 옥상 정원에 물을 어떻게 주었을까요? 유프라테스 강의 물을 펌프로 길어 올려 각 층에 줬다고 해요. 고층 건물에 물을 계속 끌어 올릴 수 있었던 당대의 건축 기술이 매우 놀랍지 않나요? 지금은 공중 정원의 아름다움을 찾아볼 수 없지만 그 터는 오늘날까지도 남아 있습니다.

공중 정원의 상상도

나는 쪽을 보니, 오랜 친구 코비가 리라를 연주하며 그에게 다가
오고 있었습니다.

꿈과 현실의 차이

"어이, 반시르! 신께서 자네에게 커다란 축복을 내리시길 바
라네. 그런데 혹시 괜찮다면 내게 2셰켈(고대 메소포타미아의 화폐 단
위)만 빌려줄 수 없겠나? 오늘 밤 귀족들의 연회에서 연주를 하
고 수고비를 받으면 그때 갚겠네."

코비의 부탁에 반시르는 슬픈 표정으로 대답했습니다.

"내게 만약 그 돈이 있다 한들 누구에게 빌려줄 처지가 못 되
네. 자네가 나의 가장 친한 친구라고 해도 말이야. 자신의 전 재
산을 선뜻 빌려줄 사람이 어디 있겠나?"

"아니 그럼 한 푼도 없으면서 그렇게 조각상처럼 태평하게 앉
아 있는 거야? 당장 마차를 만들어서 팔아야지! 안 그러면 자네
의 왕성한 식욕을 어떻게 채우려고? 자네답지 않아. 지칠 줄 모
르는 열정은 도대체 어디로 갔어? 무슨 고민이라도 있나?"

반시르는 천천히 고개를 끄덕이며 말했습니다.

"신이 나를 힘들게 하는 것 같네. 실은 어제 부자가 되는 꿈을 꾸었어. 내 허리춤에는 묵직한 지갑이 달려 있었지. 거지들에게 대수롭지 않게 셰켈을 던져줄 정도로 돈이 많았네. 아내에게 좋은 옷은 물론이고 원하는 것은 무엇이든 사줄 수 있을 정도로 은화도 많았어. 돈을 많이 써도 미래에 대한 걱정이 전혀 없었지. 금화도 충분히 있었으니까. 너무나 행복했어. 일에 찌든 지금의 내 얼굴과는 전혀 달랐지. 자네가 봤다면 못 알아봤을 거야. 주름 하나 없고 행복에 겨워하는 내 아내도 알아보지 못했을 거고."

"참으로 근사한 꿈이네. 그런데 그렇게 멋진 꿈을 꾸고 왜 벽에 걸린 조각상처럼 우울하게 앉아 있어? 이유가 무엇인가?"

"왜 우울하냐고? 꿈에서 깨어나 지갑이 비었다는 걸 알았을 때 내 기분이 어땠을 것 같나? 뭐랄까, 배신당한 기분이 들었어. 선원들이 말하는 것처럼 자네와 나는 한배를 타고 있으니 함께 이야기해 보자고."

반시르는 '이게 대체 무슨 소리인가' 하는 얼굴로 쳐다보는 코비에게 말했습니다.

"우리는 젊었을 때 지혜를 배우기 위해 사제들에게도 갔고, 함께 기쁨을 나누기도 했지. 어른이 된 지금도 친한 친구고 말이야. 그동안 자네도 나도 큰 불만 없이 살아오지 않았나? 오랜 시간 일하고 번 돈을 자유롭게 쓰는 것에 만족해하면서 말이야. 하지만 그동안 그렇게 열심히 일했는데도 돈이 주는 즐거움을 느끼지 못했어. 단순히 부자가 되는 꿈만 꾼 거지. 너무 어리석었어."

반시르는 한숨을 내쉬며 말을 이어갔습니다.

"우리는 세상에서 가장 풍요로운 도시에 살고 있어. 여행자들은 이 도시만큼 부유한 곳이 없다고 말하지. 주위에는 돈 많은 사람들로 넘쳐나지만 정작 우리는 가진 게 없어. 반평생 뼈 빠지게 일을 했는데도 빈털터리지. 가장 친한 친구인 자네가 2세켈만 빌려달라고 할 때 '내 지갑이 여기 있으니 얼마든지 가져가'라고 말하고 싶었지만, 내 지갑도 자네 지갑처럼 텅 비어 있어. 도대체 뭐가 문제인 거지? 왜 우리는 먹고 입고 자고도 남을 만큼 충분한 돈을 가질 수 없는 걸까?"

잠자코 듣고 있는 코비에게 반시르가 덧붙여 말했습니다.

"우리 아이들을 생각해 봐. 나중에 아이들도 우리와 똑같은 길을 가게 되는 건 아닐까? 나는 아이들이 시큼한 염소젖과 죽으로 끼니를 때우지 않았으면 좋겠어. 자식들과 그 가족들 그리고 그 자식들의 자식들과 가족들이 모두 풍요롭게 살게 해야 하지 않을까?"

코비는 반시르의 이런 고민이 의아했습니다.

"반시르, 어린 시절부터 친구로 지냈지만, 자네가 이런 말을 하는 건 처음 보네."

"맞아. 그동안 이런 생각을 진지하게 해본 적이 없었으니까. 꼭두새벽부터 어두워질 때까지 그저 멋진 마차를 만들려는 생각만 했지. 그러면 언젠가 신들이 나의 노력을 인정하고 부를 안겨다 줄 것이라고 믿었으니까. 하지만 그렇게 되지 않았어. **이런 식으로는 절대 부자가 되지 못한다는 걸 지금에서야 깨달은 거야.** 그래서 몹시 슬프다네. 나도 부자가 되고 싶어. 내 땅에서 가축을 키우고 좋은 옷을 입고 두툼한 지갑을 갖고 싶네. 그렇게 될 수만 있다면 온갖 방법을 동원해서, 정말 온 힘을 다해서 일을 할 거야. 나는 공정한 보상을 받고 싶어. 대체 우리에게 무슨 문제가 있는 걸까? **우리도 부자들처럼 여유롭게 풍요를 누리고 살 방법은 없는 걸까?**"

반시르의 탄식에 코비도 공감했습니다.

"그러게 말이야. 내가 그 답을 어떻게 알겠나. 내 처지도 자네와 마찬가지인걸. 리라를 연주해서 번 돈은 순식간에 사라져버려. 그나마 계획을 잘 세워야 가족을 굶기지 않을 수 있어. 그런데 내가 진짜 바라는 건, 내 가슴속에서 뜨겁게 솟아오르는 음악을 담아낼 수 있는 멋진 리라를 사는 거야. 그런 악기만 있다면, 나는 지금껏 그 누구도 들어보지 못한 아름다운 선율을 연주할 수 있겠지."

"이 바빌론에서 자네보다 아름답게 연주하는 사람이 없다는 건 내가 알지. 훌륭한 리라로 감미롭게 연주한다면 왕은 물론 신들도 기뻐할 거야. 그런데 무슨 수로 비싼 악기를 살 수 있겠나."

항상 제자리걸음인 삶에서 벗어나려면

그때 종소리가 들려왔습니다. 노예들을 인솔하는 사람이 치는 종소리였습니다. 반시르와 코비는 땀을 뻘뻘 흘리며 힘겹게 강가를 따라 걸어오는 노예들의 긴 행렬을 바라보았습니다. 그들은 무거운 염소 가죽 물통을 짊어지고 다섯 명씩 줄을 지어 걷고 있었습니다. 그 모습을 보며 반시르가 말했습니다.

"원래 저들도 우리와 같은 자유인이었겠지. 저기 좀 봐. 북쪽에서 온 키 큰 금발 남자도 있어. 저 웃고 있는 흑인 남자는 남쪽에서 왔을 거야. 옆 나라에서 온 키 작은 갈색 피부의 남자도 보이는군. 저들은 하루도 빼먹지 않고 물지게를 진 채 강과 정원 사이를 왔다 갔다 하고 있어. 저들에게 즐거운 일이 있을까? 매일 짚으로 만든 데서 잠을 자고, 거친 곡물죽으로 끼니를 때우는 삶을 생각하면 정말 안됐지 않은가."

"그래, 불쌍한 생각이 들어. 그런데 우리라고 다를까? **자유인이면 뭐하나, 저 노예들과 큰 차이가 없는데.**"

"그래, 맞아. **나는 노예 같은 삶을 살고 싶지가 않은 거야. 오늘 일하고, 내일도 일하고, 그다음 날도 일하지만 항상 제자리인 지금처럼 말이야.**"

두 사람은 잠시 생각에 잠겼습니다. 그러다 문득 코비가 말했습니다.

"그렇다면 말이야. 부자가 어떻게 돈을 버는지 알아내서 그가 하는 대로 따라 하면 어떨까?"

고비의 말에 반시르도 고개를 끄덕이며 말했지요.

"그래, 우리가 아는 사람 중에도 그 비법을 아는 이가 분명 있을 거야. 그 사람을 찾아보자고."

이내 코비의 머릿속에 한 사람이 떠올랐습니다.

"그러고 보니 얼마 전에 아카드가 황금 마차를 타고 지나가는 것을 봤다네. 자네도 그 친구를 알 거야. 그때 아카드가 나에게 손을 흔들며 반갑게 인사를 했어. 내 초라한 모습도 아랑곳하지 않고 말이야. 이 보잘것없는 음악가에게 우정 어린 미소를 보내 준 거지."

"가만, 아카드라면 이 바빌론에서 제일가는 부자가 된 그 친구 아닌가?"

"맞아. 심지어 왕조차도 그에게 국가 재정을 관리하는 법에 대한 조언을 구했다는 소문이 있어. 그런데 아카드의 진짜 재산은 지갑에만 있는 게 아니야. 마음껏 돈을 써도 지갑을 항상 가득 채울 수 있는 수입원이 있거든."

"수입원? 그래, 그거라고! 내가 멍하게 앉아 있든, 여행을 멀리 가든, 내 지갑에 계속 돈이 들어오는 바로 그 비밀 말이야. 아카드가 어떻게 하는지 알아야겠네."

반시르의 눈빛이 다시 반짝거렸습니다.

"코비, 고마워. 나 혼자서는 도저히 이런 생각을 하지 못했을 거야. 현명한 조언을 구하는 데 돈이 드는 것은 아니잖나? 더구나 친절한 아카드라면 우리에게 해답을 줄 거야. 비록 지금 우리의 지갑은 매의 둥지처럼 텅 비었지만 계속 이렇게 살 수는 없어. 이 풍요로운 도시에서 돈 없이 사는 것에 지쳤네. 부자가 되고 싶어. 자, 어서 아카드에게 가서 어떻게 하면 부자가 될 수 있는지 물어보세!"

"자네, 단단히 마음먹은 것 같군. 덕분에 나도 큰 깨달음을 얻었고 말이야! 우리가 왜 부자가 되지 못했는지 그 이유를 이제야 알 것 같아. **우리는 부자가 되기 위해 제대로 노력한 적이 없었던 거야.** 자네는 바빌론에서 가장 튼튼한 마차를 만들기 위해 인내심을 가지고 최선을 다했고 결국 성공했지. 나 역시 뛰어난 리라 연주자가 되기 위해 온 힘을 다했어. 하지만 그뿐이었어. 그것이 신의 뜻이라고 생각하고 계속 만족하며 살았지. 하지만 드디어 떠오르는 태양처럼 밝은 빛을 보게 된 거야. 이 빛은 우리에게 더 많은 것을 배우라고 말하고 있어. 이제부터 지금의 열망을 성취할 명예로운 방법을 찾아보자고!"

우리가 왜 부자가 되지 못했는지 그 이유를 이제야 알 것 같아.

우리는 부자가 되기 위해 제대로 노력한 적이 없었던 거야.

코비의 말에 반시르는 반색하며 말했습니다.

"오늘 당장 아카드한테 가보세. 우리처럼 힘들게 살고 있는 옛 친구들과 함께 가서 지혜를 나누어달라 청해 보는 거야."

"그렇게 하세. 친구들과 다 함께 아카드를 찾아가세나."

'돈의 노예'에서 '돈의 주인'으로

이 세상에 노예는 언제 생겨났을까요? 개인의 재산처럼 사고팔 수 있는 노예는 사람들이 재산을 쌓을 수 있었던 선사시대 이후부터 존재했다고 알려졌습니다. 부의 축적에 따라 힘과 권력을 갖게 된 사람들은 사람까지 소유할 수 있게 되었죠. 노예는 사람이지만 인격, 자유, 권리 등이 없는 도구에 불과했습니다. 사람의 목숨과 자유까지 마음대로 사고팔 수 있는 돈. 그래서 사람들은 돈의 눈치를 보면서 살 수밖에 없었지요.

그렇다면 오늘날은 어떨까요? 어떤 사람들은 돈을 벌기 위해 기꺼이 밥도 잠도 포기하고 일만 합니다. 원하는 삶을 살기 위해 돈을 벌다가 오히려 돈의 수레바퀴에서 벗어나지 못하는 돈의 노예로 사는 셈이지요.

앞서 이야기에 등장한 반시르와 코비의 대화를 다시 떠올려 봅시다.

"그런데 우리라고 나를까? 사유인이면 뭐하나, 저 노예들과 큰 차이가 없는데."

"그래, 맞아. 나는 노예 같은 삶을 살고 싶지가 않은 거야. 오늘 일하고, 내일도 일하고, 그다음 날도 일하지만 항상 제자리인 지금처럼 말이야."

이들은 왜 자신들의 삶이 노예와 다르지 않다고 했을까요? 그건 그들이 '돈 걱정'의 굴레에서 벗어나지 못하고 항상 돈에 끌려다니는 현실을 깨달았기 때문이에요. 그렇다면 어떻게 해야 돈의 굴레에서 벗어날 수 있을까요?

"건강하고, 현명하고, 공정하게 돈을 모아라." 고대 로마의 철학자, 세네카(Lucius Annaeus Seneca)는 '지혜로운 사람은 정정당당하고 공정하게 부를 추구한다'고 했습니다. 스페인의 신부이자 철학자였던 발타자르 그라시안(Baltasar Gracian)은 "돈은 돈의 가치를 진실로 아끼고 사랑하는 주인을 위해 증식하면서 부지런히, 만족스럽게 주인을 위해 일한다"고 했습니다.

돈의 이중적인 속성을 역설한 이도 있습니다. 바로 『돈의 철학』을 쓴 독일의 철학자이자 사회학자인 게오르그 짐멜(Georg Simmel)입니다. "돈은 사람들 개개인의 인격적 특성을 무시한 채 모든 것을 수량화하고 수단화하게 만드는 상징이자 원인이지만, 동시에 사람의 가장 내면적인 것을 지키는 수문장(守門將)이 되기도 한다."

짐멜은 '돈이 사람을 그 자신의 영혼으로부터 멀어지게도 만들지만 그 자신의 영혼으로 돌아가게도 해준다'고 생각했습니다. 돈을 지배자로 만들지, 스스로 돈을 지배할지의 문제는 '돈'이 아니라 '사람', 즉 자기 자신에게 달려 있다고 말이지요.

'돈의 노예'로 살고 싶은 사람은 없을 겁니다. 진정한 의미의 자유를 얻으려면, 돈을 다스릴 줄 아는 지혜를 키워야 합니다. 그래야 당당히 '돈의 주인'으로 바로 설 수 있을 테니까요.

이제부터 차근차근 그 지혜를 채워나가 봅시다. 먼저, 내 삶에서 돈은 어떤 의미를 갖고 있는지, 돈에 대해서 나는 어떤 생각들을 갖고 있는지 진지하게 생각해 보는 시간을 가져보면 어떨까요?

2장

바빌론
최고의 부자

명심해야 해.
오늘 빛나고 있는 저 태양은
너의 아버지가 태어날 때도 빛났고,
너의 손자가 세상을 떠날 때에도
여전히 빛날 거란 사실을 말이야.

젊은이의 생각은 하늘을 수시로 비추는 유성처럼 밝지만
늙은이의 지혜는 항해하는 배가 길을 잃지 않도록
도움을 주는 하늘의 별과 같다네.
내 말을 새겨듣게.
그렇지 않으면 내가 말하는 진리를
영영 깨닫지 못할 테니까.

부자가 된 사람과 여전히 가난한 사람의 차이

아카드는 재산이 많았을 뿐만 아니라 심성이 너그러운 사람으로 명성이 자자했습니다. 자기 가족들은 물론이고 가난한 사람들에게도 아낌없이 베풀 줄 아는 사람이었지요. 그런데도 그의 재산은 계속 늘어만 갔습니다.

어느 날, 어린 시절 친구들이 그에게 찾아와 물었습니다.

"아카드, 자네는 운이 어떻게 그리 좋았던 건가? 우리는 버둥거리면서 먹고살기 바쁜데, 자네는 바빌론 최고의 부자가 되었으니 말이야. 자네는 고급스러운 옷을 입고 진귀한 음식을 즐길 수 있지만, 우리는 낡은 옷을 입고 굶지 않을 정도에 만족해야 하는 삶을 살고 있어. 우리가 어렸을 때는 사는 형편이 그리 다르지 않았잖은가? 같은 스승님 밑에서 함께 공부하며 지냈고, 그 후로도 몇 년은 크게 다르지 않았고 말이야. 우리도 자네만큼 열심히, 성실하게 살아온 것 같은데 왜 변덕스러운 운명의 여신은 자네를 선택하고 우리는 버린 걸까? 어째서 신은 자네에겐 좋은 것을 누리게 하고, 우리에게는 그런 자격을 주지 않은 걸까?"

아카드는 친구들의 말을 잠자코 듣고 난 후 이렇게 말했습니다.

"나는 이렇게 생각하네. 그동안 시간이 꽤 흘렀는데도 자네들이 여전히 힘들게 살고 있다면, 그건 아직까지 **부를 쌓는 법칙을 몰랐거나 그 법칙을 따르지 않았기 때문**이야."

아카드는 차분하게 이야기를 시작했습니다.

"운명의 여신은 심술쟁이라서 누구에게도 영원한 행복을 가져다주지 않아. 노력 없이 부를 얻으려고 하는 자는 무분별하게 소비를 일삼게 해 파멸로 향하게 하지. 쉽게 얻은 재물을 탕진하게 만들고 충족되지 않는 욕망에 사로잡히게 한다네. 반대로, 일확천금을 얻은 사람들 중에는 이런 사람도 있어. 자신이 다시는 이런 재물을 얻을 수 없다고 생각해서 한푼도 쓰지 못하고 벌벌 떨며 쌓아두기만 하는 거야. 다 잃을지도 모른다는 두려움에 시달리느라 본인 스스로를 불행에 빠트리면서 말이야."

진지하게 듣는 친구들의 얼굴을 둘러본 뒤, 아카드는 말을 계속 이어갔습니다.

"물론, 우연히 큰 재산을 갖게 되거나 일하지 않고도 많은 돈을 쉽게 벌어들여 만족스럽게 사는 사람도 있겠지. 하지만 그런 사람은 아주 극소수일 거야. 자네들 주변에 그런 사람이 있나? 갑작스레 많은 재산을 물려받은 후 계속 행복을 누리면서, 다른 이들에게 존경받는 사람 말일세."

친구들은 그의 말을 인정하지 않을 수 없었습니다. 주위를 보면 재산을 물려받은 사람들은 대부분 평탄하지 않은 삶을 살고 있었기 때문이지요.

한 친구가 고개를 끄덕이며 말했습니다.

"자네의 말이 무슨 뜻인지 알 것 같네. 그런데 우리가 궁금한 건, 자네는 어떻게 해서 그 많은 재산을 가질 수 있게 되었는가 하는 걸세. 그것 좀 자세히 알려줄 수 없겠나?"

"알겠네. 조금 긴 이야기가 될 거야. 내 이야기를 진지하게 들어줄 수 있겠나?"

아카드의 말에 친구들은 자세를 고쳐 앉으며 고개를 끄덕였습니다. 이윽고 아카드는 숨을 고르고 자신의 어린 시절 이야기를 시작했습니다.

'부자 멘토' 알가미쉬와 '꼬마 제자' 아카드

어렸을 때부터 나는 주변을 둘러보면서 무엇이 행복과 만족을 가져다주는지 찾곤 했다네. 나는 가장 먼저 '재물'이 내가 생각하는 것들을 해결할 수 있다는 사실을 깨달았어. 이 세상에서는 돈이 큰 힘을 가진다는 것을 안 거야. 돈이 있으면 많은 것을 할 수 있으니까. 호화로운 가구로 집을 장식할 수 있고, 먼 바다를 항해해서 산해진미를 맛볼 수도 있네. 금 장신구와 멋진 석제 장식품도 살 수 있지. 신을 모실 웅장한 신전도 지을 수도 있고. 그뿐인가? 나만 물질적인 만족을 얻는 게 아니라 도움이 필요한 이들에게 베풀 수도 있어. 어쩌면 영혼까지도 만족시킬 수 있는 많은 일들을 할 수 있지.

나는 이 사실을 깨달았을 때 '반드시 세상에서 나의 몫을 찾겠다'고 결심했어. 그래서 몇 가지 목표를 세웠지.

첫째, 다른 사람을 부러워하면서 보고만 있지 말자.
둘째, 초라한 현재의 내 모습에 만족하지 말자.
셋째, 가난한 사람을 외면하지 않고 도와주자.

자네들도 알다시피 나는 보잘것없는 장사꾼의 아들이었네. 딸린 식구가 많아서 내 몫이 될 재산 같은 건 전혀 없었지. 더욱이 나는 힘이 세거나 머리가 좋지도 않아서 내가 원하는 것을 이루려면 시간과 공부가 더 많이 필요했어. 다행히 시간은 누구에게나 공평하게 주어지잖나? 그리고 공부에 관해서는, 우리의 현명한 스승님이 '배움에는 두 가지 종류가 있다'고 가르쳐 주셨다네. 하나는 '배워서 아는 것'이고, 다른 하나는 '모르는 것을 알아내는 방법을 깨치는 것'이지.

죽어서 어두운 영혼의 세계로 떠나기 전까지는 이 밝은 세계에서 각자 원하는 삶을 살아봐야 하지 않겠나? 그래서 나는 어떻게 하면 부를 축적할 수 있는지 알아내기로 마음먹은 거야. 그리고 그 방법을 알아낸 뒤에는 반드시 실천하기로 결심한 거고.

필경사

손으로 글을 적는 일을 하는 사람을 말합니다. 문자가 발명된 후에 생긴 인류 최초의 사무직이라고 할 수 있어요. 고대, 중세 시대에는 글을 모르는 사람들이 대부분이었기 때문에 문자를 알고 정보를 전달, 기록하는 일은 아주 중요했습니다.

대금업자

돈을 빌려주고 이자를 받는 것을 직업으로 하는 사람을 말합니다. 고대 바빌론에는 지금과 같이 돈을 맡기고 빌릴 수 있는 은행과 같은 기관이 없었기 때문에 그러한 일을 대금업자들이 맡아서 했습니다.

하지만 내가 부자로 성장할 수 있었던 결정적인 이유는 따로 있다네. 내게 '**절대 변하지 않는 부의 지혜**'를 알려준 한 사람 덕분이었지.

돈을 벌어야겠다고 마음 먹은 나는 기록 보관실의 **필경사**로 취직해서 점토판에 기록하는 일을 하게 되었다네. 하루 종일 점토판에 글자를 새기며 매일 죽도록 일했지만 수입은 보잘것없었어. 음식과 옷을 사고 신에게 바치는 공물을 사면 남은 돈이 없었으니까. 그래도 나의 결심은 흔들리지 않았어.

그러던 어느 날, **대금업자**인 알가미쉬라는 부자가 내게 법전 사본을 주문하면서 말하기를, 이틀 안에 일을 다 끝내면 동화 두 냥을 주겠다는 거야.

나는 정말 열심히 글을 새겼어. 하지만 법전이 너무 길어서 그와 약속한 날까지 일을 끝내지 못했지. 그는 엄해 보였지만 나는 두려워하지 않고 말했어.

"알가미쉬 님께서는 아주 큰 부자이신 걸로 알고 있습니다. 제게 부자가 될 수 있는 방법을 알려주겠노라 약속하시면 밤새도록 이 흙판에 글자를 새겨 해가 뜨기 전에 완성하겠습니다."

그러자 그는 나를 보고 웃으면서 말했지.

"당찬 녀석이로군. 그래, 이것도 거래라고 생각하지."

나는 정말 밤새 점토판에 글을 새겼어. 허리가 아프고, 머리도 지끈거려서 앞이 잘 보이지 않을 정도였지. 하지만 아침 일찍 알가미쉬가 다시 찾아오기 전까지 점토판을 완성했다네.

"자, 이제 약속하신 대로 말씀해 주십시오."

그는 전날과 다르게 온화한 말투로 말했어.

"그래, 꼬마 친구. 자네가 약속을 지켰으니 나도 내가 한 말에 책임을 져야지. 나도 이제 나이가 들었는지 이야기하는 것을 좋아하거든. 내가 살아오면서 깨달은 지혜를 알려주겠네."

기꺼이 나의 '부자 멘토'가 되어준 알가미쉬가 내게 이렇게 말했어.

"젊은 친구들은 나이가 많은 사람의 말을 고리타분하게 생각하고 무시하는 경향이 있지. 하지만 명심해야 해. 오늘 빛나고 있는 저 태양은 너의 아버지가 태어날 때도 빛났고, 너의 손자가 세상을 떠날 때도 여전히 빛날 거라는 사실을 말이야. 젊은이의 생각은 하늘을 수시로 비추는 유성처럼 밝지만, 늙은이의 지혜는 항해하는 배가 길을 잃지 않도록 도움을 주는 하늘의 별과 같아. 내 말을 새겨들어야 해. 그렇지 않으면 내가 말하는 진리를 영영 깨닫지 못할 테고, 그러면 밤새워 일한 보람도 없을 거야."

덥수룩한 눈썹 아래로 나를 진지하게 쳐다보았던 알가미쉬의 눈빛을 나는 아직도 잊지 못하네. 낮지만 단호한 어조였어.

그러고 그는 아주 중요한 이 한마디를 했어.

"나는 말이야. **내가 번 돈의 일부는 내가 가져서 지켜야 한다고 결심했고, 거기서부터 부자가 되는 길을 찾았어.** 이제 너도 그렇게 하면 되는 거야."

나는 그가 다른 말을 더 해줄 거라고 기대했지만, 그는 꿰뚫어 보는 듯한 눈빛으로 나를 쳐다볼 뿐 더 이상 아무 말도 하지 않았다네. 결국 답답해진 나는 참지 못하고 물었어.

"그게 전부인가요?"

"맞아. 그게 양치기였던 내가 대금업자로 성공할 수 있었던 이유야."

"그런데 내가 번 돈은 전부 다 내 것이지 않나요? 일부를 지킨다는 게 무슨 말씀이신가요?"

"그렇지 않아. 옷을 사기 위해 옷 만드는 사람에게 돈을 주지 않나? 신발 만드는 사람에게도 돈을 지불하지? 먹을 것에 대한 대가는? 이 바빌론이라는 도시에서 돈을 지불하지 않고 살아갈 수 있나? 지난달에 번 돈은 다 어디로 갔나? 작년에 번 돈은? 잘 생각해 보게. 다른 사람들에게 돈을 다 지불했지 않은가? 어찌 보면 주인을 위해 일하는 노예와 다를 바 없지. 그런데 말이야, 네가 오늘부터 번 돈의 10분의 1을 안 쓰고 지켜낸다면 10년 후에는 얼마나 될까?"

"1년 치 월급 정도는 되겠네요!"

"절반만 맞았네. 지켜낸 그 돈이 너를 위해 일하는 노예라고 생각해 봐. **돈이 너를 위해 돈을 벌도록 만들어야 해.** 부자가 되고 싶다면 이 방법을 따라야 해. 반드시 번 돈의 일부를 저축하고, 그 돈이 네가 갈망하는 풍요로움을 가져다주도록 만들라는 말이야."

알가미쉬는 힘주어 내게 말했어.

"밤새도록 일한 보상으로 해주는 이 이야기가 말도 안 되는 헛소리라고 생각하면 안 돼. 내가 한 말을 제대로 이해했다면 나는 너의 노고에 천 배 이상의 보상을 한 거라는 걸 명심해. 번 돈의 일부는 반드시 저축하게. 아무리 적게 벌어도 최소한 10분의 1은 넘어야 돼. 가능한 한도 내에서 최대한 많이 하게. 다른 사람이 아니라 먼저 나 자신에게 지불한다고 생각하고 저축을 해. 그런 후에 옷을 사고 신발을 사는 거야. 너무 많이 쓰지 말고, 남은 돈으로 계획성 있게 음식을 사고, 가난한 사람도 도울 수 있길 바라네."

그가 강렬한 눈빛으로 한 말이 아직도 기억에 생생해.

"부는 마치 나무와 같아서 작은 씨앗에서 자라나는 법이야. 처음 저축한 돈은 부라는 나무의 씨앗인 셈이지. 씨앗을 빨리 심을수록 나무는 그만큼 빨리 자랄 거야. 그리고 꾸준히 저축해서 나무에 영양분을 공급하고 물을 줄수록 더 빨리 클 테고. 그러면 나중에 너도 커다란 나무 그늘 아래에서 만족을 누리며 편히 살 수 있을 거야."

돈을 다루는 3가지 법칙을 터득하라

알가미쉬가 점토판을 들고 떠난 뒤, 나는 그의 말을 곰곰이 곱씹었고 그가 옳다고 결론 내렸어. 그래서 시도해 보기로 결심했지.

나는 월급으로 동화 열 냥을 받을 때마다 하나씩 꺼내어 숨겨두었네. 그런데 이상하게도 돈이 부족하지 않았어. 생활하는 데 불편함이 없었지. 물론 숨겨둔 돈이 늘어나니 때로는 쓰고 싶은 유혹이 생기기도 했어. 상인들이 페니키아 땅에서 낙타와 배를 통해 들여온 멋진 물건들이 많았으니까. 하지만 나는 그 유혹을 다 이겨냈어.

그리고 1년 뒤, 알가미쉬가 돌아와서 나에게 물었네.

"지난 1년 동안 어땠나? 번 돈의 10분의 1 이상을 잘 지켜냈는가?"

나는 자신 있게 대답했어.

"예, 어르신. 말씀대로 했습니다."

"잘했군. 그런데 그 돈으로 무엇을 했나?"

"벽돌공 아즈무르에게 맡겼는데, 먼 바다 건너 티레에서 페니키아인들의 진귀한 보석을 사 오겠다고 했습니다. 돌아온 뒤 그 보석을 비싼 값에 팔아서 수입을 나누기로 했습니다.”

그런데 이 말을 들은 알가미쉬가 크게 호통을 쳤어.

“벽돌공이 보석에 대해 얼마나 안다고 그 사람의 말을 믿은 건가! 제빵사에게 가서 별자리에 대해 물어보는 것과 뭐가 다른 가? 안타깝지만, 네가 투자한 돈은 날아갔어! 부의 나무를 뿌리 째 뽑아버린 셈이야.”

어쩔 줄 몰라하는 내 어깨를 두드리며 알가미쉬가 말했지.

“낙담하지 말고 다른 나무를 심게. 다시 시작하는 거야. 그 리고 다음부터는 보석에 대한 조언을 구하려거든 보석상을 찾아 가고, 양에 대해 알고 싶다면 양치기를 찾아가야 해. **조언은 공짜 로 얻을 수 있지만 진정으로 가치 있는 조언을 가려낼 수 있어야 하는 거야.** 명심해야 돼. 부에 대해 잘 모르는 사람한테 조언을 듣는 사람은 애써 모은 돈을 날리게 된다는 사실을 말이야!”

그는 다시 떠났고, 얼마 되지 않아 나는 그의 말이 정말 맞 다는 걸 또다시 알게 되었어. 페니키아인은 사기꾼이었네. 보석 처럼 생긴 쓸모없는 유리 조각을 아즈무르에게 팔았거든. 화가

나고 속상했지만 알가미쉬의 말에 따라 나는 다시 저축을 시작했어. 다행스러운 일은 이미 습관이 되어 저축하는 게 그다지 어렵지 않았다는 거야.

그리고 또 1년이 지난 뒤, 알가미쉬가 찾아와 물었어.

"그 후로 발전이 좀 있었나?"

"네, 이번에는 충실한 방법으로 돈을 투자했습니다. 방패 제작자 아가르에게 저축한 돈을 맡겼어요. 청동을 사려고 한다더라고요. 그에게 넉 달에 한 번씩 이자를 받고 있습니다."

"참 잘했네. 그럼, 이자로 받은 돈으로는 무엇을 했고?"

"꿀과 좋은 포도주, 향신료가 들어간 빵으로 성대한 잔치를 벌였습니다. 그리고 고급 외투도 샀고요. 나중에는 제가 타고 다닐 나귀도 살 생각입니다."

"저런, 저축한 노예들을 다 먹어 치웠군. 먼저 황금 군단을 만든 다음 풍성한 연회를 즐겨도 늦지 않는데 말이야. 이제 무엇이 자네를 위해 일해 주겠는가?"

알가미쉬는 이 말을 남기고 또 떠났어. 그리고 그 후 2년 동안 그를 보지 못했지. 몇 년 후에야 다시 만났는데 어느덧 그도 많이 늙어 있었다네. 얼굴에는 수심이 깃들어 있었고 주름 때문에 눈가가 처져 있었지. 그가 나에게 이렇게 묻더군.

"아카드, 네가 꿈꾸던 부를 아직 얻지 못했나?"

"아직 제가 바라던 만큼은 아니지만, 말씀하신 대로 투자한 돈이 돈을 벌어들이고 그 돈으로 더 많은 수입을 올리고 있습니다."

"아직도 벽돌공의 말을 듣고 있나?"

"그 친구 조언은 벽돌 만드는 일에 관해서만 듣습니다."

이 말을 듣고 알가미쉬는 고개를 크게 끄덕였어.

"나의 가르침을 정말 잘 실천했군 그래. 버는 돈보다 적게 쓰고, 경험이 많은 지혜로운 사람에게 조언을 구하고, 마지막으로 돈을 불리는 것을 말이야. 아카드, 이제 너도 **돈을 버는 방법, 돈을 모으는 방법, 돈을 불리는 방법**을 스스로 터득한 거야. 이제는 안심하고 중요한 일을 맡겨도 될 것 같군. 보다시피 나는 이제 너무 늙었다네. 그런데 자식 놈들은 돈 쓸 생각만 하고 버는 것에는 관심이 없어. 나 혼자서 이 많은 재산을 관리하기가 힘드니 자네가 니푸르에 가서 내 땅을 관리해 주지 않겠나? 너를 내 동업자로 삼고 내 재산도 떼어 줄 생각이야."

그렇게 해서 나는 알가미쉬의 많은 재산을 관리하게 되었다네. 의욕이 충만했고 **재물을 성공적으로 다루는 세 가지 법칙**을 터득했기 때문에 그의 재산을 더 크게 불릴 수 있었지. 그 후로 나는 계속 돈을 벌었고, 알가미쉬가 세상을 떠났을 때 그의 유언에 따라 재산의 일부를 물려받았다네.

그냥 오는 기회는 없다

"지금까지 한 이 이야기가 내가 알가미쉬에게 배운 부를 이루는 지혜이네."

아카드가 이야기를 마치자 한 친구가 부러운 듯 말했습니다.

"그 부자의 재산을 물려받았다니 자네는 진짜 운이 좋군."

아카드는 그의 말을 존중하면서도 분명하게 답했지요.

"알가미쉬를 만나기 전부터 내게 부자가 되겠다는 열망이 있었다는 점은 운이 좋았다고 할 수 있지. 그 후 나는 4년 동안 한결같이 벌어들인 돈의 10분의 1을 저축했어. 그리고 좋은 결과를 얻음으로써 내 의지를 확실하게 보여주었지. **수년 동안 물고기의 습성을 연구하고 바람의 방향에 맞춰 그물을 던지는 어부**

에게 그저 운이 좋다고만 할 수 있을까? 기회는 준비되지 않은 사람들한테는 절대 오지 않는 오만한 여신과 같아."

또 다른 친구가 말했습니다.

"아카드, 처음에 저축한 돈을 잃고도 계속 버틴 걸 보면 자네 의지력이 대단한 것 같네."

아카드는 또다시 적극적으로 자신의 생각을 얘기했습니다.

"낙타나 소가 엄청나게 무거운 짐을 끈다고 해서 그들의 의지력이 강하다고 생각하나? **의지는 자신이 정한 목표를 끝까지 해내겠다는 결의**라고 할 수 있어. 나는 스스로 정한 목표는 아무리 사소한 것이라도 반드시 성취한다네. 그렇지 않고서 어떻게 중요한 일을 할 수 있겠나?"

그는 단호한 태도로 말을 이어갔습니다.

"만약 '100일 동안 다리를 건너 성으로 가는 길에서 매일 조약돌 하나를 골라 시냇물에 던지겠다'라고 결심했다면, 나는 반드시 그걸 이행했네. 7일째 날에 돌을 던지는 것을 잊어버리고 그냥 지나쳤을 때에도 나는 '내일 조약돌 두 개를 던지면 되지'라고 생각하지 않았네. 다시 강으로 돌아가서 돌을 던졌어. 20일째 되는 날에 이렇게 생각할 수도 있었겠지. '아카드야, 이건 쓸

모없는 짓이야. 매일 조약돌을 던져봤자 무슨 소용이 있어? 그냥 한 번에 돌을 왕창 던져버려.' 하지만 나는 그렇게 생각하지 않아. 그렇게 행동하지도 않을뿐더러 애초에 그런 말을 하지도 않지. 나는 목표를 세우면 끝까지 밀고 나갔네. 그래서 실현 가능성이 없거나 너무 어려운 일은 쉽사리 도전하지 않는 편이지. 차라리 그 시간에 여가를 즐기는 편이 나으니까."

이번에 또 다른 친구가 나섰습니다.

"잘 알아들었네. 하지만 자네가 말한 것처럼 간단하지만은 않은 것 같아. 자네 말대로만 하면 모두 부자가 되어야 하는데 세상에 있는 돈으로는 부족하지 않을까?"

아카드가 이번에도 지치지 않고 대답했습니다.

"누구나 열정을 가지고 노력하면 부를 쌓을 수 있어. 예를 들어 어떤 부자가 저택을 새로 짓는다고 했을 때, 그가 돈을 지불하면 그 돈이 사라지는 건가? 벽돌공이 돈의 일부를 갖고, 일꾼도 일부를 갖고, 목수도 돈을 갖게 되지. 집을 짓는 데 참여한 사람들이 그 돈을 골고루 나눠 갖는다는 말이네. 저택이 완성되었다고 해서 그 돈의 가치가 없어지는 게 아니야. 오히려 더 커질 걸세. 저택이 지어진 땅 역시 그 가치가 더해질 거고. **부는 마법**

과 같아서 그 가치가 얼마든지 커질 수 있어. 누구도 그 한계를 예측할 수 없어. 페니키아인들은 바다에서 배를 타고 무역을 하며 메마른 해안에 위대한 도시를 건설하지 않았나?"

"세월이 흘러 우리도 금방 나이가 들 텐데, 모아둔 돈이 하나도 없이 정말 부자가 될 수 있을까?"

시무룩한 표정으로 묻는 마지막 친구의 질문에 아카드는 이렇게 말했습니다.

"다음의 원칙들만 지킬 수 있다면 충분히 할 수 있어. 먼저 알가미쉬의 가르침을 자네들도 받아들여서 **'내가 번 돈의 일부는 반드시 저축한다'**는 원칙을 실천하기를 바라네. 매일 아침에 일어나서 맨 먼저 자신에게 이 말을 하는 거야. 낮에도 말하고 밤에도 해야 해. 한시도 잊지 말고. 그 말이 저 하늘에 불로 글을 쓴 것처럼 선명해질 때까지 되새겨야 하네. 그 말을 항상 염두에 두고 반드시 10분의 1 이상은 저축해 보게. 상황에 따라 지출을 줄여야 할 수도 있겠지만 저축을 중단해서는 안 되네. 그러다 보면 머지않아 자신만의 보물을 갖는 것이 얼마나 풍족함을 주는지 깨닫게 될 거야. 많이 저축할수록 더 자극받게 될 거네. 새로

부는 마법과 같아서 그 가치가 얼마든지 커질 수 있어.

누구도 그 한계를 예측할 수 없어.

페니키아인들은 바다에서 배를 타고 무역을 하며

메마른 해안에 위대한 도시를 건설하지 않았나?

운 슬거움이 생기면서 삶에 의욕이 넘쳐나게 되지. 노력하면 할수록 더 많은 돈이 생긴다네. 수입이 늘어나면 그만큼 자네의 몫도 많아질 거야."

아카드는 말을 계속 이어갔습니다.

"그다음으로 **'돈이 나를 위해 일하게 하는 법'**을 알아야 하네. 저축한 돈이 자네를 위해 돈을 벌어오게 하는 거야. 그리고 그 돈이 돈을 벌고 또 그 돈이 돈을 벌게 하는 거지. 그렇게 미래를 위한 수입을 확보하는 거야. 언젠가 우리는 노인이 되겠지. 그건 바뀌지 않는 사실이야. 그러니 재산을 잃지 않도록 안전하게 투자해야 해. 지나치게 높은 수익률은 달콤한 노래를 부르면서 경계심 없는 사람들을 유혹하는 요망한 속임수에 불과하다는 것을 명심하고."

무언가를 결심한 듯 어느새 친구들의 얼굴에도 비장함이 서려 있었습니다. 아카드는 마지막 말을 덧붙였습니다.

"또 하나, 지혜로운 사람에게 조언을 구하고 꼭 새겨서 들었으면 좋겠어. 내가 벽돌공 아즈무르에게 돈을 맡긴 것과 같은 실수는 안 하길 바라네. 수익이 적더라도 안전하게 지키는 것이 훨씬 더 바람직하지 않겠나? 지나치게 욕심내서 화를 자초하거나 너무 인색한 사람이 되지도 말게. 가치 있는 일만 누리면서 살아가기에도 인생은 짧다네."

아카드의 이야기가 끝난 후 친구들은 고맙다고 인사하며 돌아 갔습니다. 아카드의 말을 이해한 친구들은 새로운 희망을 보았습니다. 그들은 알가미쉬가 아카드를 제자처럼 여기며 자주 찾은 이유를 알 것 같았습니다. 그것은 '한 사람이 가난이라는 어둠 속에서 밝게 빛나는 세계로 나가는 과정을 지켜보기 위한 것'이었다는 사실을 말이지요.

희망의 빛을 찾은 사람은 비로소 가야 할 길을 깨닫게 됩니다. 그 길은 깨달음을 얻기 전까지는, 그리고 기회를 잡을 준비가 되기 전까지는 결코 도달할 수 없지요.

깨달음을 얻은 친구들은 그 후로도 몇 년 동안 아카드를 자주 찾아가 조언을 구했고, 아카드는 언제나 그들을 반갑게 맞으며 자신의 지혜를 아낌없이 나누어 주었지요. '부자 멘토' 알가미쉬가 '꼬마 제자'였던 아카드에게 전해 준 부의 지혜는 그렇게 퍼져나갔습니다. 아카드는 새로운 '부자 멘토'가 되어 기회의 길을 찾아 나선 많은 '꼬마 제자'들의 인생을 변화시켜 주었으니까요.

큰 차이를 만드는 작은 습관

아카드처럼 스스로 부자로 성장한 사람들에게는 공통점이 있습니다. 평범한 사람들은 사소하게 생각할지 모르지만, 그들은 천금같이 생각하는 습관과 원칙들이 있지요. 그 작은 습관들이 쌓여 결국에는 인생의 큰 차이를 만들어낼 수 있었던 것입니다. 그럼, 그들이 가진 공통적인 특징을 한번 짚어볼까요?

첫째, 배우는 것을 게을리하지 않습니다. 모르는 것을 알려고 하는 의지와 더불어 알게 된 것은 꼭 실천하고야 말겠다는 집념을 갖고 있습니다. 노력 없이 이룰 수 있는 건 없다는 것을 이해하고 있기 때문에 공부에도 적극적이고, 다른 사람에게 지혜를 구하는 데에도 스스럼이 없습니다.

둘째, 누구에게나 똑같이 주어진 시간을 누구보다도 소중하게 씁니다. 돈보다 시간을 잘 활용하는 사람이 진짜 부자라고 할 수 있지요. 시간을 잘 쓰려면 구체적인 목표와 계획을 세우고 실천하는 것이 중요합니다. 자기관리는 모든 성공의 시작이라는 점을 잊지 마세요.

셋째, 실패에 대한 두려움보다 해낼 수 있다는 기대를 더 크게 가집니다. '안 된다'고 한계를 정하기보다 '할 수 있다'는 가능성을 더 믿는 것이죠. 천재 화가 피카소는 "할 수 있다고 생각하면 할 수 있고, 할 수 없다고 생각하면 할 수 없다. 이건 변함없는 절대적인 법칙이다"라고 했고, 미국의 성공철학가, 밥 프록터는 "성공을 이룬 사람이 성공한 이유는 특별한 능력 때문이 아니라 성공하는 습관을 지녔기 때문이다"라고 했어요. 성공은 그걸 믿는 사람에게 더 빨리 찾아옵니다.

넷째, 이유 없는 소비를 하지 않습니다. 무엇인가를 사기 전에는 두 번, 세 번 진지하게 생각합니다. 돈은 정승같이 쓰라는 말이 있죠? 이는 그만큼 돈을 귀하고 가치 있게 쓰라는 뜻입니다. 돈을 귀하게 여기고 진심으로 대하는 사람에게 돈도 따르기 마련입니다.

다섯째, 마음의 크기가 다릅니다. 운이나 우연으로 뭔가를 얻은 사람은 잃을까 봐 두려워서 손에 쥔 것을 놓지 않으려고 하지만, 스스로 무언가를 이룬 경험을 한 사람은 또 해낼 수 있다고 생각하기 때문에 나눌 수 있는 여유도 커집니다. 옹졸한 마음으로 타인을 대하는 사람은 진정한 부자라고 할 수 없어요. 세상의 가치를 혼자 독차지하지 않고 다른 이들과 함께 나눔으로써 더 크게 키우는 사람이 진정한 부자입니다.

어느 날 갑자기 부자가 되는 일은 결코 없습니다. 기회는 어느 순간 맞닥뜨리는 것이 아니라 꾸준히 노력하고 준비한 사람에게 찾아오는 것이라는 점을 잊지 마세요.

3장

행복한 부자의
7가지 가르침

이제 여기 모인 여러분들에게,
그리고 많은 돈을 원하는 모든 사람들에게,
얇은 지갑을 채울 일곱 가지 비결에 대해
말해 주려고 합니다.

부디 새겨들어 주길 바랍니다.
내가 전하는 교훈을 가지고 가서
여러분의 지갑에 부의 씨앗으로 심으십시오.
먼저 여러분이 부자가 되어야 합니다.
그래야 다른 사람들도 그 비결을 배우려고 할 테니까요.

얇은 지갑에
돈과 행복을
채워 넣는 법

현명한 군주 **사르곤**이 적국 엘람과의 전쟁에서 승리하고 돌아
와 마주한 것은 번영이 아니라 바빌론의 심각한 재정 문제였습
니다. 재무 대신은 도시의 상황을 이렇게 설명했지요.

"바빌론의 백성들은 오랫동안 번영을 누려왔습니다. 폐하께서
위대한 관개 운하와 거대한 신전들을 건설하신 덕분이지요. 하
지만 공사가 끝나면서 백성들은 먹고살 길이 없어졌습니다. 일
꾼들이 일자리를 잃었고, 상점에는 손님을 거의 찾아볼 수가 없
습니다. 백성들이 식량을 살 돈이 없어서 농부들도 수확한 곡물

사르곤 Sargon

메소포타미아 지역을 최초로 통일한 인류 최초의 제국, 아카드 제국을 건설한 초대 왕입니다. 당시는 도시가 곧 나라인 도시국가 형태였는데, 사르곤이 도시국가들을 정복해 메소포타미아와 지중해까지 영토를 확장하며 55년간 통치했습니다. 아카드 제국은 내란으로 패망하기 전까지 메소포타미아 지역에서 약 150년 동안 유지되었습니다.

사르곤의 청동 두상

을 팔지 못하고 있습니다."

왕이 따져 물었습니다.

"그럼 대규모 공사를 하면서 쏟아부은 금화는 대체 다 어디로 갔단 말인가?"

"도시의 몇몇 부자들에게로 간 것 같습니다. 염소젖이 거름망을 통과하듯 백성들의 손가락 사이를 모두 빠져나갔습니다. 지금은 돈의 흐름이 막혀 있기 때문에 사람들이 일해서 먹고살 길이 막막합니다."

왕은 한동안 생각에 잠겼습니다. 그러고는 다시 물었지요.

"어떻게 몇 안 되는 사람들이 그 많은 돈을 차지하게 되었다는 말이오?"

"그들은 돈 버는 방법을 잘 알고 있기 때문입니다. 하지만 그 방법으로 성공했다고 해서 비난할 수는 없습니다. 그들의 재산을 빼앗아 가난한 자들에게 나누어 주는 것도 정의롭지 못한 일이 될 것입니다."

"그렇다면 모든 백성이 스스로 돈을 축적하는 방법을 배우면

84

되지 않겠소?"

"물론 그렇습니다, 폐하. 하지만 누가 백성들에게 그 방법을 가르칠 수 있겠습니까? 사제들은 돈 버는 법을 전혀 모르니 그들에게 가르치라고 할 수는 없습니다."

"그럼 바빌론에서 부자가 되는 방법을 가장 잘 아는 자가 누구요?"

"폐하도 잘 아실 겁니다. 바빌론에서 가장 큰 부를 축적한 사람을 말씀하시는 게 아닙니까?"

"아, 아카드군요! 그가 바빌론에서 가장 돈이 많은 사람이지. 내일 당장 그를 여기로 데려 오시오."

'부자 되는 법'은 누구나 배울 수 있다

다음 날, 날이 밝자 왕의 부름을 받은 아카드가 궁전에 들어섰습니다. 일흔을 넘은 나이에도 그는 자세가 꼿꼿했고, 표정도 활기차 보였습니다.

"아카드, 그대가 진정 바빌론에서 가장 부유한 사람인가?"

"그렇다고들 합니다, 폐하."

"그대는 어떻게 해서 큰 부자가 되었나?"

"이 도시의 모든 시민이 누릴 수 있는 기회를 이용했습니다."

"물려받은 재산이 있었나?"

"부를 향한 큰 열망만 있었을 뿐 다른 건 없었습니다."

"아카드, 지금 이 도시는 아주 힘든 상황에 처해 있네. 소수의 사람이 돈을 버는 방법을 깨닫고 부를 독점하고 있는 반면에 대다수의 백성은 자기가 번 적은 돈마저 어떻게 지켜야 하는지 알지 못하는 게 현실이야. 나는 바빌론을 세상에서 가장 부유한 도시로 만들고 싶네. 그러려면 바빌론에 부자가 많아야 하지 않겠나? 그래서 모든 백성에게 부자가 되는 법을 가르칠 생각이야. 아카드, 부자가 되는 비결이 있다면 사람들에게 가르쳐줄 의향이 있는가?"

아카드가 대답했습니다.

"폐하, 아주 좋은 생각입니다. 부자가 되는 법은 다른 사람에게 쉽게 알려줄 수 있는 것입니다."

아카드의 말을 들은 왕의 눈이 반짝였습니다.

"아카드, 그대는 내가 듣고 싶었던 말을 하는군. 이 위대한 대의에 그대가 도움을 줄 수 있겠나? 이 나라의 모든 백성이 다른 이를 가르칠 수 있을 정도로 충분한 훈련이 될 때까지, 그대가 알고 있는 비결을 가르쳐줄 수 있는가 묻는 것이네."

아카드는 왕에게 허리를 숙이고 정중하게 대답했습니다.

"저 역시 한 명의 신하로서 폐하의 명을 기꺼이 받들겠습니다. 제가 아는 것이 무엇이든 백성의 번영과 폐하의 영광을 위해 바치겠습니다. 100명의 사람을 가르칠 장소를 마련해 주십시오. 그러면 그들에게 '빈 지갑을 채우기 위한 일곱 가지 비결'을 알려주겠습니다. 제가 아는 한 그보다 나은 방법은 없을 것입니다."

2주 후, 왕의 명령에 따라 선발된 100명이 신전 대강당의 알록달록한 바닥에 둘러앉았습니다. 제단 등불에서는 야릇하고 향긋한 냄새가 풍겼지요. 아카드가 자리에서 일어서자 누군가가 옆 사람을 쿡 찌르며 속삭였습니다.

"저 사람이 바빌론에서 제일가는 부자래. 그런데 우리와 크게 다를 게 없는데?"

그때 아카드가 사람들을 향해 말했습니다.

"저는 위대한 왕의 충실한 신하로서 여러분 앞에 섰습니다. 저도 한때 부자가 되기를 간절히 바랐던 가난한 청년이었기에, 그리고 이제는 부를 축적하는 법을 깨우쳤기에, 제가 아는 지식을 여러분에게 알려주라고 폐하께서 명하셨습니다."

아카드는 목소리를 가다듬은 후 계속 말했습니다.

"저도 처음에는 아무 가진 것이 없던 소년이었습니다. 여러분보다 나은 것이 없었죠. 내가 가장 아끼는 보물 창고는 지갑이었습니다. 그런데 그 지갑이 텅 비어서 아무 쓸모가 없는 것이 너무 싫었어요. 지갑이 꽉 차서 두툼해지고 금화로 짤랑거리는 소리가 나기를 바랐습니다. 저는 얇은 지갑을 채울 방법을 찾아 나섰고, 결국 찾아냈습니다."

청중들은 모두 그의 말에 집중하고 있었습니다.

"저는 여기 모인 여러분들에게, 그리고 많은 돈을 원하는 모든 사람들에게, 얇은 지갑을 채울 일곱 가지 비결에 대해 말해 주려고 합니다. 앞으로 7일 동안 매일 한 가지씩 이야기를 할 겁니다. 내가 말하는 것을 새겨들어 주길 바랍니다. 내가 전하는 교훈을 가지고 가서 여러분의 지갑에 부의 씨앗으로 심으십시오. 먼저 여러분이 부자가 되어야 합니다. 그래야 다른 사람들이 그 비결을 배우려고 할 테니까요."

'리치'와 '푸어'의 이야기

한 마을에 리치(Rich)와 푸어(Poor)가 살았습니다. 리치는 외국에서 부자가 되는 법을 배워왔습니다. 푸어도 공부를 하고 싶었지만 집안 형편 때문에 그럴 수가 없었지요. 성실한 푸어는 리치의 공장에서 열심히 일했습니다. 리치처럼 되기 위해서 돈도 차곡차곡 모았습니다. 리치가 만 평의 땅을 살 때 푸어도 열 평의 땅을 살 수 있었습니다.

그러던 어느 날 전염병이 심하게 돌자, 나라 경제는 엉망이 되고 말았습니다. 전염병으로 공장문이 닫히니 푸어는 살아갈 길이 막막했습니다. 생활이 힘든 푸어와 마을 사람들은 리치에게 돈을 빌렸습니다.

시간이 흘러 전염병은 사라지고 공장은 다시 가동됐지만 한 번 무너진 각 가정의 경제는 좀처럼 회복되기가 힘들었습니다. 푸어는 전보다 더 열심히 일을 했지만 빚은 쉽게 줄지 않았습니다. 결국 빚을 갚지 못한 사람들은 헐값에 집이나 땅을 리치에게 넘겨야 했지요. 싼값에 집과 땅을 사들인 리치의 재산은 마을 사람들 전부의 재산보다도 훨씬 많아졌습니다. 빚을 갚지 못한 푸어도 결국 집과 땅을 리치에게 넘기고 더 가난한 동네로 이사를 갔습니다.

자본주의 경제에서는 모든 사람이 똑같은 소득을 얻을 수가 없습니다. 푸어처럼 공장에서 일하는 노동자는 공장의 주인인 리치처럼 돈을 많이 벌기 어렵습니다. 전 세계적으로 일어난 산업화는 경제를 성장시켰지만, 부유한 사람들과 가난한 사람들의 소득 차이는 더욱 심해졌어요.

각 나라의 정부에서는 이런 문제점을 해결하기 위해 노력하고 있습니다. 물론 자본주의 사회에서 살아가는 한 소득 불균형에서 오는 문제에서 완전히 벗어나기는 어렵습니다. 그럼에도 빈부 격차를 줄이는 데 끊임없이 노력해야 하는 이유는 무엇일까요?

인간은 혼자서는 살 수 없는 사회적 동물입니다. 빈부 격차의 심화로 생긴 사회적 갈등은 공동체의 안정을 위협하며 사회가 제 기능을 하지 못하도록 방해합니다. 이는 비단 한 나라만의 문제가 아닙니다. 전 세계는 유기적으로 연결되어 있어 한 나라에서 문제가 발생하면 다른 나라에서도 영향을 받을 수밖에 없어요. 때문에 전 세계는 빈부 격차를 해결하기 위해 다 같이 노력해 나가야 합니다.

첫째, 10을 벌면 9만 써라

"지금부터 말씀드릴 내용은 부의 성전으로 올라가는 첫걸음입니다. 이 첫 단계에 제대로 발을 디디지 못하면 더 이상 위로 올라갈 수 없다는 점을 명심하세요. 자, 그럼 이제부터 첫 번째 비결에 대해 말씀드리겠습니다."

신전 대강당에 모인 사람들의 눈이 반짝거리고 있었습니다.

아카드는 두 번째 줄에 앉아 생각에 잠긴 듯한 이에게 질문했습니다.

"젊은 친구여, 자네는 어떤 일을 하고 있나?"

"저는 필경사입니다. 점토판에 기록을 새기는 일을 하고 있습니다."

"오호, 나도 처음에는 그 일을 하면서 돈을 벌었다네. 재산을 모을 기회가 충분히 있을 거라고 생각하네."

아카드는 그다음 뒤쪽에 있는 혈색 좋은 남자에게도 질문을 던졌습니다.

"자네는 무슨 일을 하면서 생계를 꾸리고 있나?"

"저는 푸줏간에서 일을 합니다. 농부들이 키우던 염소를 사서 잡은 다음 고기는 주부들에게 팔고, 가죽은 신발 제조업자에게 팝니다."

"그대도 열심히 일하면서 돈을 벌고 있으니 분명히 성공할 수 있을 걸세."

아카드는 한 사람씩 돌아가면서 어떤 일을 하는지 물어보았고, 모든 이에게 질문을 하고 나서 이렇게 말했습니다.

"이제 여러분은 돈을 벌 수 있는 직업이 다양하다는 것을 알게 되었을 겁니다. 여러분 각자가 돈을 버는 방식은 노동의 대가가 황금으로 바뀌어 지갑으로 흘러 들어가는 것입니다. 그 황금 줄기가 크든 작든 개인의 능력에 따라 여러분의 지갑에 흘러 들어갑니다. 그렇지 않나요?"

사람들은 고개를 끄덕였고, 아카드는 말을 이어갔습니다.

"여러분이 스스로 재산을 축적하길 원한다면, 처음에는 지금 하고 있는 일을 발판 삼아야 합니다."

아카드는 달걀 장수라고 자신을 소개한 사람에게 말을 걸었습니다.

"그대가 바구니 중 하나를 골라 매일 아침 열 개의 달걀을 넣어놓고, 매일 저녁 아홉 개의 달걀만 꺼내면 나중에 어떻게 될 것 같은가?"

"바구니가 넘칠 겁니다."

"왜지?"

"매일 달걀이 쌓이니까요."

아카드는 미소를 지으며 주위를 둘러보았어요. 그리고 사람들에게 물었습니다.

"여러분들 지갑은 지금 다 비어 있는 상태인가요?"

아카드의 물음에 사람들은 민망하고 허탈한 웃음을 보이며 하나같이 텅 빈 자신의 지갑을 흔들어 보였습니다. 아카드도 웃으며 말했습니다.

"좋습니다. 이제 얇은 지갑을 채우기 위한 첫 번째 비결을 알려드리겠습니다. 내가 방금 달걀 상인에게 말한 대로 하세요. **지갑에 동화 열 개를 넣어놓고, 아홉 개만 꺼내 쓰는 겁니다.** 그러면 여러분의 지갑은 어느 순간 두둑해질 수 있습니다. 늘어난 무게는 손에 좋은 느낌을 줄 뿐만 아니라 여러분의 영혼에 만족감을 가져다줄 거고요."

몇몇 사람들이 서로를 쳐다보며 조금은 의아해하자 아카드가 말했습니다.

"너무 간단한가요? 그렇다고 내 말을 가볍게 생각하면 안 됩니다. 진리는 언제나 단순한 법이니까요. 이것이 내가 재산을 모은 비결입니다. 나 역시 처음에는 얇아 빠진 지갑을 들고 다녔고, 그 안에 내 열망을 충족시킬 것이 없었기 때문에 빈약한 지갑을 한없이 원망했습니다. 그런데 지갑에 넣은 열 개 중 아홉 개만

꺼내 쓰니 지갑은 살찌기 시작했어요. 여러분도 그렇게 될 겁니다. 신기한 건, 수입의 10분의 9로만 생활해도 전혀 힘들지 않다는 겁니다. 10을 전부 다 쓰는 것과 1을 아끼는 것의 차이가 그렇게 크지 않았어요. 저는 그때부터 돈을 더 많이 저축할 수 있었습니다."

아카드는 더욱 힘주어 말했습니다.

"수입의 일정 부분을 남겨두고 쓰지 않는 사람에게 돈이 더 쉽게 온다는 것은 불변의 진리입니다. 반면 지갑이 비어 있는 사람은 논이 피해 갑니다. 여러분이 가장 원하는 것이 무엇인가요? 보석, 근사한 옷, 맛있는 음식처럼 금방 사라지고 잊히는 것인가요? 황금, 토지, 가축과 같이 우리에게 지속적으로 만족을 가져다주는 것인가요? **지갑에서 꺼내는 돈은 금방 사라지고 맙니다. 하지만 지갑에 남겨진 돈은 우리를 부자로 만들어줄 것입니다.** 어떤가요? 만약 이것이 효과가 없다고 입증할 수 있는 사람이 있다면, 내게 꼭 말해 주기를 바랍니다."

더 생각하기

저축 계획 세워보기

아직 소득이 없는 청소년이라도 매달 일정 금액의 용돈을 받는다면, 용돈의 10분의 1은 쓰지 않고 저축하는 습관을 길러보면 어떨까요?

통장이 없다면, 목적별로 통장을 만들어보는 것도 좋은 방법입니다. 용돈이 들어오는 '용돈 통장', 그리고 용돈의 10분의 1을 떼서 모으는 '저축 통장(정기적으로 넣을 수 있도록 적금통장으로 만들어요)', 갖고 싶은 물건을 사기 위해 따로 돈을 모으는 '쇼핑 통장', 그리고 갑자기 급하게 필요한 순간을 위한 '예비 통장' 등 각자의 목표와 목적에 따라 계획을 세울 수 있을 겁니다.

　나는 얼마만큼의 용돈을 받고 있는지, 얼마의 기간 동안 저축을 해서 얼마를 모을 건지, 그 외에 어떤 목표와 목적을 갖고 돈을 모으고 싶은지 한번 차근히 생각해 보는 시간을 가져보세요.

둘째, 나가는 돈을 관리해라

　두 번째 수업 시간이 되었습니다. 아카드는 다음과 같이 입을 뗐습니다.

　"첫 번째 수업이 끝난 후에 '벌어들인 돈을 다 써도 생활하기가 힘든데 어떻게 10분의 1을 저축할 수 있죠?'라는 질문을 한 사람들이 있었습니다. 어제 자신의 지갑이 비었다고 한 사람이 얼마나 있었죠?"

　사람들이 대답했습니다.

　"우리 모두가 다 그랬습니다."

　아카드는 사람들을 둘러보았습니다.

　"여러분 모두 돈을 벌지만 버는 돈이 다 똑같지는 않을 겁니다. 어떤 사람은 남들보다 훨씬 더 많은 돈을 벌지요. 그런가 하면 부양해야 할 가족이 많은 사람도 있어요. 그런데 지갑은 다 똑같이 비어 있지요. 이제 나는 여러분 모두에게 해당하는 한 가지 진리를 말할 겁니다. 바로 '**필수 비용**'이라는 것입니다. **쓰는 돈을 관리하지 않으면 아무리 수입이 많아도 이 필수 비용은 계속 증가**하게 되지요."

아카드는 청중을 집중시키며 말했습니다.

"자신의 **욕구와 필수 비용을 절대 혼동해서는 안 됩니다.** 인간에게는 더 많이 갖고 더 많이 누리고 싶어 하는 욕망이 있어요. 돈을 아무리 많이 써도 충족되지 않죠. 하지만 자신이 버는 한도 내에서 지출해야 합니다. 인간의 욕구는 끝이 없어요. 내가 부자이기 때문에 모든 욕구를 채우고 산다고 생각하나요? 절대 아닙니다. 시간이 부족하고 힘도 부치기 때문이죠. 내가 끝없이 먼 곳까지 여행할 수 있는 것도 아니고, 먹을 수 있는 음식에도 한계가 있어요. 물론 즐기고자 하는 열정도 언젠가는 식기 마련이죠."

숨을 고른 아카드는 이내 한마디 한마디에 힘을 실어 강조하듯 이야기했습니다.

"농부가 돌보지 않는 땅에는 잡초가 자라기 마련입니다. 인간의 마음도 마찬가지예요. 신경 쓰지 않으면, 욕망은 빈틈을 헤집고 들어와 뿌리를 내리고 자랍니다. 우리가 가진 욕망은 헤아릴 수 없을 정도로 많지만, 진정으로 우리를 만족시켜 주는 것은 극히 일부입니다. 여러분의 생활 습관을 잘 생각해 보세요. 줄이거나 없애도 되는 비용을 분명히 찾을 수 있을 겁니다. **'확실한 가치가 있는 것에 지출하라'**를 좌우명으로 삼으세요."

아카드는 사람들이 실천할 수 있는 방법도 덧붙여 말했어요.

"가장 먼저 지출할 내역을 빼놓지 않고 점토판에 적어보세요. 꼭 지출해야 하는 필수 항목과 수입의 10분의 9로 해결 가능한 항목을 선택하고 나머지는 지우세요. 지운 것들은 쓸데없는 욕망의 일부라고 생각하면 됩니다. 필수 비용만 지출하는 것으로 예산을 짜보세요. 나의 지갑을 채워주는 10분의 1은 절대 건드리지 않아야 합니다. 그렇게 해도 여러분의 진정한 욕망을 충분히 채울 수 있습니다. 예산에 맞게 계획하고 지출하는 일에 익숙해지면 여러분의 지갑을 살찌울 수 있습니다."

아카드의 말이 끝나자 화려한 옷을 입은 젊은 사람이 일어나서 말했습니다.

"저는 자유인입니다. 살면서 좋은 것들을 누리는 것이 저의 권

우리가 예산을 짜는 이유는 우리의 지갑을 살찌우기 위함입니다.

예산을 짜면 꼭 필요한 것이 무엇인지 알 수 있고,

남는 돈으로 다른 욕망을 채울 수 있지요.

리라고 믿고 있습니다. 그래서 제가 쓸 수 있는 돈을 한정해 두고 예산의 노예로 살고 싶지는 않습니다. 예산에 갇히면 제 인생에서 많은 즐거움이 사라질 텐데, 그러면 저는 그저 짐을 지고 다니는 짐꾼에 불과하지 않을까요?"

아카드는 잠시 생각하더니 그에게 물었습니다.

"젊은 친구여, 그대의 예산은 누가 정하는가?"

그 남자가 대답했지요.

"당연히 제가 하죠."

아카드가 다시 말했습니다.

"한 가지 예를 들어보겠네. 만약 어떤 사람이 나귀에 짐을 싣고 험난한 사막을 지나 여행할 계획을 세운다고 해보세. 과연 그의 짐에 양탄자와 무거운 황금도 포함할까? 그렇지 않네. 분명 건초와 곡물, 그리고 마실 물을 챙길 거야."

아카드는 이렇게 말하고 사람들에게 시선을 돌렸습니다. 그의 눈초리는 강하게 빛이 났지요.

"우리가 예산을 짜는 이유는 우리의 지갑을 살찌우기 위함입니다. 예산을 짜면 꼭 필요한 것이 무엇인지 알 수 있고, 남는 돈으로 다른 욕망을 채울 수 있지요. 예산은 쓸데없는 욕망은 버리고, 소중한 욕망을 먼저 실현할 수 있게 해줍니다. 또한 어두운 동굴을 밝혀주는 한 줄기 빛처럼 여러분의 지갑에서 새는 곳을 막아주기도 합니다. 한마디로, 확실한 곳에만 지출할 수 있도록 도와주지요. 부디 가치 있는 욕망을 충족시킬 수 있도록 지출 예산을 세우길 바랍니다."

더 생각하기

지출 목록 만들기

아카드는 '확실히 가치 있는 것에만 지출하라'고 했습니다. 필수 비용만 지출하는 예산을 짜보라고도 했고요. 용돈을 관리하는 데에도 예산을 짜보는 연습이 필요합니다. 아무리 용돈을 많이 받아도 필수 비용을 관리하지 않으면 금세 바닥이 날 거예요. 그러면 진짜 갖고 싶은 것을 사거나 하고 싶은 것을 할 수 없게 되겠지요. 앞에서 '저축 계획'을 세웠다면 이번에는 '지출 목록'을 만들어봅시다. 나의 필수 비용에는 어떤 것들이 있나요? '확실한 가치가 있는 것'이 무엇인지 생각해 보고 나의 지출 목록을 적어봅시다. 그리고 이를 바탕으로 매월 들어가는 예산을 짜봅시다.

셋째, 계속 흘러 들어오는 황금 줄기를 찾아라

세 번째 수업이 시작되었습니다. 아카드의 목소리는 아주 밝 았습니다.

"첫 번째 수업 때 수입의 10분의 1을 저축하라고 말했습니다. 지난번 수업에서는 재산을 지키기 위해 지출을 관리하는 법도 말씀드렸고요. 오늘은 재산을 불리는 방법에 대해 설명하려고 합니다."

사람들은 흥미 가득한 표정으로 아카드를 바라보았습니다.

"지갑 속에 있는 돈을 지키는 것은 비참한 영혼에 만족감을 불어넣지만 실질적으로 우리가 얻는 이득은 크지 않습니다. 우 리가 돈을 벌고 지키는 것은 부자가 되기 위한 첫걸음에 불과합 니다. 그다음에는 저축한 돈이 또 다른 돈을 벌어들이도록 해야 우리의 재산이 불어날 수 있습니다. 그러려면 모은 돈을 어떻게 활용해야 할까요?"

사람들은 서로를 바라보며 어리둥절했지요. 아카드는 그들의 반응을 보며 계속 말했습니다.

"바로 투자입니다. 불행하게도 저는 첫 번째 투자에서 실패를 맛보았습니다. 모든 돈을 잃었으니까요. 제가 투자를 해서 처음 수익을 얻은 방법은 방패 제작공인 아가르라는 사람에게 돈을 빌려주고 이자를 받은 것이었습니다. 그는 매년 한 번씩 바다 건너에서 가져온 청동을 대량으로 구매해 되파는 일을 했어요. 그런데 상인들에게 지불해야 할 돈이 부족해지자 여기저기서 돈을 빌렸습니다. 그는 믿을 만한 사람이었고, 빌린 돈도 언제나 약속대로 갚았어요. 그래서 나는 아가르에게 받은 이자까지 더해 돈을 다시 빌려주었습니다. 그러자 내 원금뿐만 아니라 이자도 이자를 낳았습니다. 그 돈이 나에게 돌아온다고 생각하니 너무 기뻤지요."

아카드는 사람들을 둘러보며 힘 있게 말했습니다.

"여러분! 재산은 지갑에 있는 돈이 전부가 아닙니다. 지갑으로 계속 흘러 들어가서 **지갑을 더욱 두껍게 만드는 황금의 흐름을 만드는 것이 부를 축적하는 가장 확실한 방법입니다.** 황금 흐름을 만들고 나면 여러분이 일을 하든 여행을 가든, 계속 지갑이 채워질 것입니다. 저 역시 그렇게 해서 큰 수입을 올렸습니다. 돈이 점점 쌓이다 보니 사람들이 나를 보고 큰 부자라고 부르기 시작하더군요."

아카드의 눈빛에는 자신감이 서려 있었습니다.

"제가 아가르에게 돈을 빌려준 것은 투자에 대한 첫 번째 훈련이 되었습니다. 이 훈련을 통해 지혜를 얻은 저는 자본을 늘려가면서 대출과 투자도 늘렸습니다. 처음에는 하나의 수입원이었지만, 그 수입원이 일을 하면서 여러 개의 수입원이 되었어요. 나중에 이 황금 줄기가 내가 의도한 대로 여러 갈래로 퍼지면서 내 재산은 더 크게 불어났습니다. 자, 보세요! 처음 제가 얻은 돈은 보잘것없는 노예였지만, 그 노예는 열심히 일하며 많은 돈을 벌어들였습니다. 그 노예도 나를 위해 일했고, 그들의 자식들, 그 자식들의 자식들도 나를 위해 일했어요. 그래서 큰돈을 벌 수 있게 된 겁니다."

확신에 찬 아카드의 말은 계속 이어졌습니다.

"합리적으로 투자를 하면 수입은 빠르게 증가합니다. 한 가지 예를 들어보겠습니다. 어떤 농부가 첫째 아들이 태어났을 때 은화 열 냥을 대금업자에게 맡기면서 아들이 스무 살이 될 때까지 불려달라고 했습니다. 대금업자는 그의 말대로 4년마다 원금의 4분의 1을 이자로 지급했지요. 그러자 농부는 그 이자도 원금에

합쳐서 계속 불려날라고 대금업자에게 요청했어요."

아카드는 호기심 어린 얼굴의 사람들을 둘러보면서 말을 이었습니다.

"아들이 스무 살이 되자, 농부는 다시 대금업자에게 가서 돈이 얼마가 되었는지 물어봤습니다. 대금업자는 돈이 복리로 불어났기 때문에 원래 열 냥이었던 은화가 이제 서른 냥으로 늘어났다고 말했지요. 농부는 매우 기뻐하며 대부업자에게 다시 그 돈을 맡겼습니다. 그리고 시간이 많이 흘렀어요. 아들이 50세가 되었을 때 아버지는 세상을 떠났지만, 대금업자는 그 아들에게 은화 167냥을 지불했습니다. 50년 동안 이자가 붙어서 원금의 열입곱 배 가까이 불어난 겁니다. 들판의 양들이 번식하듯 돈이 돈을 벌어들인 셈이죠."

아카드는 놀라는 좌중을 향해 말했습니다.

"이것이 얇은 지갑을 채우는 세 번째 비결입니다. 돈을 불리는 방법을 실천하세요. **황금 줄기가 끊임없이 내 지갑에 흘러 들어오도록 만들어야 합니다.**"

단리와 복리, 그리고 투자

'단리'라는 친구와 '복리'라는 친구가 같은 날 이자가 연 10%인 100,000원짜리 적금을 3년 동안 들었다고 해보죠. 그런데 3년 후 두 사람이 찾은 돈의 합계가 달라요. 단리는 130,000원을, 복리는 133,100원을 받았지요. 같은 날, 같은 금액, 같은 이자율로 적금을 들었는데 왜 이런 차이가 날까요?

이자를 받는 방식에는 '단리'와 '복리'가 있습니다. 단리법은 처음의 원금에 대해서만 이자를 지급하는 것으로, 예치 기간에 이자율을 곱하여 이자를 계산해요(원금+이자). 단리 이자는 예금 기간이 길다고 이자를 더 주지 않아요. 반면에 복리법은 일정 기간 동안 발생한 이자와 원금을 더한 합계가 다음 기간의 원금이 되어 이자를 계산합니다([원금+이자]+이자). 따라서 예금 기간이 길어질수록 이자를 더 많이 받을 수 있어요.

원금이 A, 이율이 r, 기간이 n일 때, 예치 기간에 따른 원금과 이자의 합인 원리금은 다음과 같습니다.

▌ 단리의 원리금 합계 = $A(1+rn)$
▌ 복리의 원리금 합계 = $A(1+r)^n$

100,000원의 원금을 연 10%로 예금했을 때 기간에 따라 단리와 복리가 얼마나 차이 나는지 살펴볼까요?

▌1년 후: 단리 (110,000원) = 복리 (110,000원)
▌3년 후: 단리 (130,000원) < 복리 (133,100원)
▌10년 후: 단리 (200,000원) < 복리 (259,374원)

복리는 예치 기간이 길면 길수록 이자가 어마어마하게 늘어나요. 미국 과학자 알베르트 아인슈타인(Albert Einstein)은 '복리의 힘'을 칭송하며 원금을 두배로 불리는 기간을 계산하는 식을 제시했어요.

▌시간(T) = 72/이자율(수익률, %)

10%의 이자로 원금이 두 배가 걸리는 시간은 얼마일까요? 72를 10으로 나누면 7.2년이란 시간이 나와요. 이 수식을 가리켜 '72 법칙'이라고 합니다. 이 법칙이 완벽한 시간을 나타내지는 않아요. 그러나 원금이 두 배가 되는 데 걸리는 시간을 예측할 수는 있지요. 반대로 이 공식으로 원금을 일정한 기한 이내에 두 배로 불리기 위한 이자율(수익률)을 계산하기도 해요.

▌이자율(수익률, %) = 72/시간(T)

10년 만에 원금을 두 배로 만들기 위한 이자율은 얼마일까요? 72를 10으로 나누면 7.2%라는 이자율이 나옵니다.

　이렇게 이자를 이용하면 돈을 지키는 것에 더해 더 효과적으로 돈을 불릴 수가 있습니다. 이를 활용한 다양한 투자 상품들이 시중에 많이 나와 있기도 하죠. 투자 상품별 장단점을 따져보면서 나는 어떤 투자 방식을 더 선호하는 스타일인지 생각해 보는 시간을 가져보세요.

넷째, 채웠으면 잃지 마라
··

　네 번째 수업이 시작되었습니다. 아카드가 주위를 천천히 둘러보며 말했습니다.

　"불행은 황금처럼 빛나는 것을 좋아합니다. 그러니 지갑에 있는 돈을 잘 간수해야 해요. 그렇지 않으면 금방 잃게 됩니다. 먼저, 적은 돈을 확보하고 지키는 법을 알아야 합니다. 돈이 있는 사람은 큰돈을 벌 수 있는 사업에 투자하라는 유혹을 받습니다. 친척이나 주변 사람들이 투자하라고 열심히 설득하죠."

　아카드는 강조하듯 분명한 어조로 말했어요.

　"투자를 할 때 가장 중요한 원칙은 원금을 안전하게 지키는 깃입니다. 원금을 잃을 수도 있는데 더 큰 수익에 관심을 보이는 것이 현명할까요? 절대 아닙니다. 위험의 대가는 손실 가능성입니다. 투자하기 전에 내 돈을 안전하게 회수할 수 있을지 신중하게 생각하세요. 빨리 부자가 되겠다는 욕심에 현혹되지 말아야 합니다. 누군가에게 돈을 빌려줄 때는 그 사람이 갚을 능력이 있는지, 그리고 그의 평판이 좋은지를 확인해야 합니다. 그렇게 해야 힘들게 모은 돈을 남에게 선물로 주는 일이 없을 겁니다. 또 어떤 분야에 투자하기 전에 그 분야에 닥칠 수 있는 위험에 대해서도 꼭 철저히 알아봐야 합니다."

고개를 끄덕이며 진지하게 듣는 사람들에게 아카드는 자신이 경험했던 일을 다시 들려주었습니다.

"앞에서 잠깐 말했듯이 나의 첫 투자는 완전한 실패였습니다. 1년 동안 모은 돈을 먼 바다 건너 여행하는 아즈무르라는 벽돌공에게 맡겼어요. 그는 페니키아인들에게서 희귀한 보석을 사온 뒤에 바빌론에서 되팔아 수익을 나와 나누기로 했죠. 그런데 페니키아의 사기꾼이 아즈무르에게 보석이 아니라 유리 조각을 팔았습니다. 결국 나는 투자한 돈을 전부 날렸지요. 뒤늦게 생각하니 벽돌공에게 보석을 구입하는 일을 맡긴 내가 참 어리석었죠. **내 경험에 비추어 여러분께 하고 싶은 말은 바로 이것입니다. '투자의 함정이 있는 곳에서 자신의 생각을 과신하지 마라.'** 해당 분야에 경험이 많은 사람들의 조언을 구해야 해요. 그 조언이 내 손해를 막아준다면, 투자하려는 금액만큼 이익을 본 것이나 다름없습니다."

아카드는 수업을 마무리 지으며 말했습니다.

"지금까지 말한 것이 빈 지갑을 채우는 네 번째 비결입니다. 지갑을 채웠으면 잃지 않는 것이 중요합니다. **원금을 안전하게 지킬 수 있는 곳, 원할 때 회수할 수 있는 곳, 적절한 이자를 받을 수 있는 곳에 투자하여 돈을 잃지 않도록 하세요.** 그리고 그 분야의 경험자에게 조언을 구하세요. 그의 지혜가 여러분의 귀중한 재산을 안전하지 않은 투자로부터 보호해 줄 겁니다."

돈을 지키는 나만의 원칙

"돈을 버는 것은 기술이지만, 돈을 쓰는 것은 예술이다"라는 말이 있습니다. 어떻게 버느냐도 중요하지만 그보다 더 중요한 것은 돈을 어떻게 쓰느냐입니다. 아무리 돈을 많이 번다고 하더라도 쓰는 돈이 더 많다면 부자가 될 수 없겠지요.

부자들은 돈을 쓰는 일에 매우 신중합니다. 새는 돈을 막아야 부자가 될 수 있기 때문이지요. 투자의 귀재라고 불리는 미국의 워런 버핏(Warren Buffett)은 "다음의 두 가지 투자 원칙은 꼭 지켜라. 첫째, 돈을 잃지 마라. 둘째, 첫 번째 원칙을 절대 잊지 마라"라고 조언을 했습니다. 미국의 사업가 폴 튜더 존스(Paul Tudor Jones)도 "공격보다 수비가 열 배 이상 중요하다"라고 말하며 소비에 대한 경계를 늦추지 말 것을 충고했습니다.

돈을 지키기 위해서는 장기적인 목표를 세우고, 그 목표를 달성하기 위해 노력해야 합니다. 필수 비용으로 구성된 예산을 체계적으로 짜고 자신의 소비 습관을 늘 점검해야 하죠. 그리고 무엇보다 경제 공부하는 것을 게을리하지 말아야 합니다. 이 외에도 돈을 지키기 위한 나만의 원칙에는 무엇이 있는지 한번 생각해 봅시다.

다섯째, 안식처를 소유하라

다섯 번째 수업이 시작되었습니다. 아카드는 사람들이 가족과 함께 가장 많은 시간을 보내는 공간에 대한 이야기로 말문을 열었습니다.

"바빌론의 많은 이들이 열악한 주거 환경에서 가족을 부양하며 살고 있습니다. 그들은 비싼 임대료를 내고 있지만 가족이 함께 바라볼 수 있는 꽃밭도 없고, 아이들이 안전하고 신나게 뛰어놀 공간도 없습니다. 아이들이 마음껏 뛰어놀지 못하고 아내가 좋아하는 화초를 키울 수 있는 땅이 없다면, 원하는 삶을 누리며 살고 있다고 말할 수 있을까요? 자신의 집 마당에서 키운 무화과와 포도를 따 먹을 수 있다면 얼마나 좋을까요?"

사람들은 아카드의 말에 공감한다는 듯 안타까움의 탄식을 내뱉었습니다. 아카드는 말했습니다.

"자신의 집이 있다는 건 그런 것입니다. 우리 마음에 자신감을 심어주고, 더 잘 살고 싶다는 마음을 갖게 해줍니다. 그래서 나는 여러분에게 가족의 안식처가 되어줄 집을 소유해야 한다는 말을 하고 싶습니다."

사람들 사이에서 힘 빠진 목소리가 들렸습니다.

"그러고 싶지만 집을 살 돈이 없으니까 문제죠."

"자기 의지만 있다면 집을 소유하는 것은 생각만큼 어렵지 않습니다. 우리의 위대한 왕이 바빌론 성벽을 크게 확장한 덕분에 현재 성안에는 사용되지 않는 많은 땅이 있습니다. 이를 충분히 합리적인 가격으로 살 수 있어요. 벽돌 제조업자와 건축업자들이 집을 담보로 공사를 해줄 겁니다. 집이 완성되면, 지금 집주인에게 임대료를 지불하는 것처럼 그들에게 원금과 이자를 함께 갚으면 됩니다. 돈을 갚을 때마다 빚은 줄어들 것이고, 몇 년이 지나면 그 집은 온전히 여러분의 소유가 될 겁니다."

"그런 방법이 있군요" 하고 속삭이는 사람들의 말이 들려왔습니다.

"그렇습니다. 그렇게 집을 산다면 온 가족이 크게 기뻐할 것입니다. 아내는 빨래하러 강가에 갔다가 돌아올 때 염소 가죽 물통에 물을 가득 담아 와서 마당에 있는 채소에 물을 주겠지요. 아이들은 안전한 집에서 쑥쑥 커갈 것이고요. 자신의 집을 소유하면 이처럼 생활의 여유와 삶의 축복을 느낄 수 있습니다. 무엇보다 집을 임대하는 데 들어갔던 필수 비용이 줄어들 것이고, 그만큼 행복과 즐거움을 위한 지출도 더 할 수 있겠지요. 그러니 자신의 집을 소유하기 위한 방법을 찾아보십시오. 이것이 빈 지갑을 채우는 다섯 번째 비결입니다."

여섯째, 다가올 미래를 대비해라

여섯 번째 수업 시간이 되었습니다. 아카드는 부드럽지만 강한 어조로 이야기를 시작했습니다.

"사람은 누구나 태어나서 어린 시절을 지나, 결국 노년에 이르게 됩니다. 이것이 세상의 섭리입니다. 신이 어둠의 세계로 일찍 부르지 않는 한 누구도 그 길에서 벗어날 수 없죠. 그래서 나는 늙었을 때를 대비해 적절한 수입을 확보해야 한다고 생각합니다. 또 세상을 떠나야 하는 상황이 왔을 때 남겨진 가족의 생계도 준비해야 합니다. 그래서 여섯 번째 교훈은 세월이 지나 우리의 기력이 다했을 때를 대비할 수 있는 수입원을 확보하는 것입니다."

이 말을 하는 아카드의 백발이 햇빛을 받아 반짝였습니다.

"부의 원칙을 이해하고 많은 재산을 갖게 되었다면, 그다음에는 다가올 미래에 대해서도 생각해야 합니다. 수년 동안 안전하게 유지할 수 있고, 나중에 늙고 병들었을 때를 위한 준비금을 마련해야 해요. 미래의 안전을 위해 대비할 방법은 여러 가지가 있습니다."

아카드는 여러 사례를 하나씩 들어주었습니다.

"아무도 모르는 장소에 재산을 은밀하게 보관하는 방법이 있습니다. 하지만 아무리 잘 숨겨둔다고 해도 도둑의 좋은 먹잇감이 될 수도 있겠지요. 그래서 이 방법은 권하고 싶지 않습니다. 집이나 땅을 사두는 방법도 생각해 볼 수 있습니다. 장래의 효용과 가치를 제대로 판단하면 그 가치를 계속 유지하면서 수입을 얻을 수 있고, 합당한 가격을 받고 팔 수도 있겠지요."

아카드는 한 차례 숨을 고른 후 다시 말을 이어갔습니다.

"대금업자에게 돈을 빌려주는 방법도 있습니다. 정기적으로 이자를 받으면 재산을 더 불릴 수 있지요. 내가 아는 사람 중 안산이라는 신발 제조공이 있는데, 그는 8년 동안 매주 은화 두 냥씩 대금업자에게 맡겼다고 합니다. 최근에 대금업자가 그에게 회계 장부를 넘겨주었고, 그는 너무나 기뻐했죠. 4년마다 그 가치의 4분의 1만큼 이자를 받았는데, 총액이 무려 은화 1040냥으로 늘어난 것이었죠. 나도 함께 기뻐하면서, 그가 정기적으로 매주 은화 두 냥씩을 더 맡긴다면, 12년 후에는 은화 4000냥을 받게 된다고 구체적인 액수로 설명해 주었습니다. 그 정도면 여생을 편히 보낼 수 있는 아주 큰돈이죠."

확실히 숫자로 이야기하니 사람들의 눈빛이 달라졌습니다. 아카드는 다시 한번 강조하듯 이야기했습니다.

"적은 금액이라도 이렇게 정기적으로 저축하면 엄청나게 큰 금액이 될 수 있습니다. 지금 아무리 많은 재산이 있다고 해도 노후와 가족을 위해 어느 정도의 금액은 따로 떼어두어야 합니다. 그리고 여기에 대해 한 가지 더 말하고 싶은 게 있습니다. 나는 언젠가 죽음에 대비해서 많은 사람이 적은 금액이지만 정기적으로 돈을 내고, 누군가 세상을 떠나면 그의 가족에게 큰 금액을 지불하는 제도가 생길 것이라고 믿고 있습니다. 이 제도가 생기면 보다 많은 사람들이 안정적으로 노후를 보낼 수 있겠지요."

아카드의 설명은 계속 이어졌어요.

"물론 현재는 불가능합니다. 모인 돈을 개인이나 단체가 아닌

안정된 기관에서 운영해야 하는데, 바빌론에는 그럴 만한 체계가 갖추어져 있지 않기 때문이죠. 그래도 언젠가는 이와 같은 계획이 실현되어 많은 사람에게 큰 혜택을 가져다주리라 기대하고 있습니다. 적은 돈이라도 정기적으로 계속 저축하면, 가장이 세상을 떠나도 가족은 안락한 삶을 살 수 있을 정도의 큰돈을 받을 수 있으니까요."

이제 여섯 번째 수업도 막바지에 이르렀습니다. 아카드가 말했습니다.

"아직 미래는 오지 않았고 현재는 이런 제도가 없으므로 우리가 목적을 달성하려면 앞에서 말한 방식을 사용해야 합니다. 그러므로 나는 여러분에게 현명한 방법으로 미래를 대비할 것을 권합니다. 가장이 재산을 남겨주지 않고 세상을 떠나거나 늙고 허약해서 돈을 벌지 못하는 것만 한 비극이 또 어디 있겠습니까? 그러니 노후에 자신과 가족의 안락한 삶을 보장하기 위한 수입원을 확보하세요. 이것이 얇은 지갑을 채우기 위한 여섯 번째 비결입니다."

일곱째, 돈을 다루는 능력을 키워라

마지막 수업 날이 되었습니다. 아카드는 진지한 표정으로 이야기를 시작했습니다.

"이제 여러분에게 얇은 지갑을 채우기 위한 가장 중요한 비결에 관해 말하려고 합니다. 하지만 오늘은 돈에 대한 이야기가 아닙니다. 내 앞에 다양한 옷을 입고 앉아 있는 여러분에 대해 이야기하겠습니다."

아카드의 말에 사람들은 영문을 모르겠다는 얼굴로 서로를 쳐다봤습니다. 아카드는 사람들을 집중시킨 후 말했습니다.

"성공과 실패는 여러분이 마음먹기에 따라 결정됩니다. 얼마 전, 한 젊은이가 돈을 빌리기 위해 나를 찾아왔습니다. 돈을 빌리려는 이유를 묻자, 그는 수입이 적어서 쓸 돈이 부족하다고 불평하더군요. 돈을 갚을 능력이 없어서 대부업자에게 환영받지 못하는 유형의 사람이었죠. 나는 그에게 돈을 더 벌기 위해 어떤 노력을 했는지 물었습니다. 그는 자신이 할 수 있는 일은 다했다고 대답하더군요. 두 달 동안 여섯 번이나 주인에게 월급을 올려 달라고 요청했지만 번번이 거절당했다고도 했습니다. 자신처럼 부지런히 요청한 사람도 없을 거라면서 말이지요."

"억지를 부리는 사람이네요."

어디선가 들려온 목소리에 아카드는 이렇게 말했습니다.

"그 젊은이의 어리석음에 웃을지 모르지만, 사실 그에게는 돈을 더 많이 벌기 위한 중요한 요건 중 하나가 있었습니다. 그것은 바로 **돈을 벌고 싶다는 강한 열망**이었습니다. 그 행동은 적절했고 인정할 만합니다. **성취의 전제 조건은 열망입니다. 그리고 열망은 강렬하고 확실해야 합니다.** 막연히 부자가 되고자 하는 열망은 별 소용이 없어요. 하지만 '금화 다섯 냥을 갖고 싶다'라고 한다면, 그것은 성취 가능한 확실한 욕망입니다. 금화 다섯 냥을 얻고자 하는 강력한 목표가 있으면, 그 목표를 이루고 나서 유사한 방법으로 열 냥, 스무 냥, 더 나아가 1000냥까지 벌어 큰 부자가 될 수 있는 겁니다."

사람들은 조용히 아카드의 이야기에 집중했습니다. 아카드의 말이 계속 이어졌지요.

"작지만 확실한 욕망을 채우는 법을 배우면서 더 큰 욕망을 채우기 위해 자신을 단련하세요. 이것이 부를 축적하는 과정입

니다. 처음에는 얼마 안되는 금액이겠지만, 그다음에는 더 많은 것을 배우고 능력을 키워 더 많은 재산을 축적할 수 있을 겁니다. 열망은 단순하고 명확해야 합니다. 열망이 너무 복잡하거나 노력해도 달성할 수 없다면 그 목적마저 상실하게 되니까요. 자기의 일에 충실하면 열망을 이룰 수 있는 능력도 향상되는 법입니다."

아카드는 자신이 느꼈던 것을 그대로 들려주었습니다.

"나 역시 얼마 안되는 돈을 받으며 점토판에 글을 새기는 일을 하는 보잘것없는 필경사였습니다. 나보다 많은 보수를 받는 사람들이 많았어요. 나는 왜 그들이 나보다 더 많이 버는지 궁금했습니다. 하지만 그 이유를 찾는 데 그리 오랜 시간이 걸리지 않았지요. 그들의 능력이 나보다 더 뛰어났으니까요. 그래서 더 열심히 일했습니다. 내 일에 더 많은 관심을 쏟고, 더 집중하고, 더 끈질기게 노력했지요. 그리고 그 결과, 누구보다 점토판에 글을 더 빠르게 새길 수 있게 되었습니다. 실력이 향상되었기 때문에 더 합당한 보상을 받을 수 있었습니다. 아까 말한 청년처럼 인정받기 위해 주인을 여섯 번이나 찾아갈 필요가 없었어요."

사람들이 웃었고, 아카드도 유쾌하게 이야기를 계속 이어나갔습니다.

"지혜가 많을수록 더 많은 것을 얻을 수 있습니다. 자신의 기술을 연마하는 사람은 충분한 보상을 받게 돼요. 기술자라면 같은 분야에서 가장 숙련된 사람들이 사용한 방법과 그가 쓰는 도구에 대해 배울 수 있습니다. 법관이나 의사라면 같은 일을 하는 사람들과 논의하고 지식을 공유할 수 있습니다. 상인이라면 더 좋은 상품을 더 저렴한 가격에 구입할 방법을 계속 찾는 겁니다. 현명한 사람은 자신을 믿고 지지하는 사람들에게 더 좋은 결과를 가져다주기 위해 끊임없이 노력합니다. 그래서 세상은 발전하고 변화하는 것입니다. **결코 멈춰 서지 마세요. 현재에 안주하지 말고, 더 나아지기 위해 매일 노력해야 합니다.**"

어느덧 일곱 번째 수업도 막바지를 향해 달려가고 있었습니다. 아카드는 온화한 어조로 마지막 이야기를 전했습니다.

"많은 경험이 인간의 삶을 풍요롭게 만들지요. 스스로 존중받는 사람이 되시기 바랍니다. 그러려면 다음의 원칙은 꼭 지켜야 합니다. 하나, 갚을 수 없는 빚은 지지 마십시오. 빚이 있다면 자신의 능력 내에서 최대한 빨리 갚아야 합니다. 둘, 가족에게 충실하세요. 셋, 소중한 사람들을 언제나 정중하게 대하십시오. 넷, 불운 탓에 다치고 피해를 본 사람들을 불쌍히 여기고, 합당한 범위 내에서 그들을 도와주십시오."

모두 아카드의 이야기에 고개를 끄덕였습니다.

"얇은 지갑을 채우기 위한 일곱 번째이자 마지막 비결은 이것입니다. **자신의 능력을 키우세요. 더 현명해지기 위해서, 더 능숙해지기 위해서 공부하고, 더 존중받도록 행동하십시오.** 지금까지 여러분에게 말씀드린 것은 제가 오랫동안 실천해 온 것입니다. 이 일곱 가지 방법을 따르고 실천하면 누구라도 자신의 열망을 성취할 수 있다는 자신감을 얻게 될 것입니다."

사람들의 얼굴에는 희망의 빛이 감돌기 시작했고, 아카드는 마지막 말을 전했습니다.

"여러분, 바빌론에는 여러분이 생각하는 것보다 훨씬 많은 황금이 있습니다. 모두가 풍요롭게 살 수 있어요. 여러분이 원하는 대로 사업이 번창하고 부자가 될 수 있습니다. 이제 밖으로 나가서 이 진리를 대중에게 전파해 주시기 바랍니다."

'부자의 그릇'과 '돈주머니'

사람들은 각자의 능력에 맞는 돈주머니를 갖고 태어납니다. 그렇다면 돈주머니의 크기도 정해진 것이 아니냐고요? 절대 그렇지 않습니다.

자전거를 처음부터 잘 타는 사람은 없습니다. 넘어지고 깨지고 다시 일어서면서 결국 잘 타게 됩니다. 완벽하지 않은 우리는 원하는 것이 생기면 성실하게 배워 능숙해질 때까지 능력을 키웁니다. 여기서 잊지 말아야 할 점이 있습니다. 바로 노력하면 능력이 향상된다는 것입니다.

우리가 갖고 태어난 돈주머니는 돈을 불리는 능력에 따라 그 크기가 줄어들기도 하고 커지기도 합니다. 돈을 불리는 능력을 키우면 돈주머니는 자동적으로 커집니다. 그렇다면 어떻게 해야 돈주머니를 키울 수 있을까요?

절약하는 사람과 과소비하는 사람 중에는 누구의 돈주머니가 클까요? 절약하는 사람이 돈이 새는 것을 잘 막을 수 있을 테니 돈주머니도 당연히 더 클 것입니다.

신용이 있는 사람과 신용이 없는 사람 중에는 누구에게 돈을 맡기고 싶은가요? 누구나 다 신용이 있는 사람에게 돈을 관리받거나 빌려주고 싶을 거예요.

실패를 두려워하시 않고 노선하는 사람과 안선성을 추구하며 도전하지 않는 사람 중에는 누가 더 돈 벌 기회가 많을까요? 실패한다는 것은 본인이 무엇인가를 시도했다는 뜻이에요. 그리고 실패라는 경험을 통해 배운 것들을 이용하여 다음 기회를 잡을 수 있다는 것을 의미하기도 하지요. 안전을 추구하는 사람은 위험 요소를 피할 수는 있지만 그만큼 돈주머니를 키울 기회를 잃게 됩니다.

10원을 소중히 여기는 사람과 10원쯤은 무시하는 사람이 있다면 돈은 누구를 더 좋아할까요? 돈주머니를 키우려면 큰돈만 잘 굴려서는 안 됩니다. 적은 돈이라도 아끼고 잘 관리할 수 있을 때 돈은 그 사람을 믿고 따라가지요.

이제 돈주머니를 키울 수 있는 능력에 어떤 것들이 있는지 어렴풋하게라도 알 것 같은가요? 앞으로는 돈을 잘 쓰는 친구들을 부러워할 것이 아니라 나의 돈주머니를 키우는 것에 집중해 보는 겁니다. 돈은 돈 관리를 잘하는 사람을 알아보고 따라가는 속성이 있으니까요. 자, 이제 돈을 버는 능력을 키울 준비가 되었나요?

4장

행운의 여신

운이 따르는 사람에게
얼마나 큰 행운이 찾아올지
그 누구도 예측할 수 없다.

그 사람을 유프라테스강에 빠트려 보아라.
그는 진주를 손에 쥐고
헤엄쳐 나올 것이다.

_ 바빌론 속담

제 발로 걸어서
찾아오는
행운은 없다

사람은 누구나 행운을 바랍니다. 4000년 전, 고대 바빌론 사람들도 오늘날의 우리처럼 행운을 간절히 바랐습니다. 예나 지금이나 사람들은 변덕스러운 행운의 여신에게 사랑받기를 원합니다. 그런데 어디로 가야 행운의 여신을 만날 수 있을까요? 설령 만난다고 해도 어떻게 해야 행운의 여신에게 사랑받을 수 있을까요?

바빌론 사람들도 그것이 알고 싶었습니다. 도대체 행운이 언제, 어떻게 나를 찾아오는 것일까요? 그들은 똑똑하고 합리적으로 사고하는 사람들이었어요. 그래서 바빌론이 가장 부유하고 강력한 도시가 될 수 있었지요. 그 시대에는 학교나 교육 시설 대신 배움의 터전이 있었고, 그들은 그곳에서 매우 실용적인 가르침을 얻을 수 있었습니다. 왕의 궁전, 공중 정원, 신전 못지않게 바빌론에서 중요한 장소 중 하나였지요. 역사책에서는 거의 언급되지 않았지만, '배움의 전당'은 바빌론 사람들의 사고에 큰 영향을 미쳤습니다.

배움의 전당에서 스승들은 자발적으로 사람들에게 오랜 지혜를 가르쳤고, 당시 대중의 관심사를 학생들과 함께 공개적으로 토론했습니다. 배움의 전당 안에서는 모든 사람이 평등했어요. 심지어 가장 비천한 노예도 왕실 왕자의 의견에 반박할 수 있었습니다.

바빌론에서 제일가는 부자인 아카드도 배움의 전당을 자주 찾았습니다. 거기에는 그를 위한 전용 강당이 있었는데, 많은 사람이 매일 저녁에 그곳을 들렀어요. 사람들은 흥미로운 주제로 열띤 논쟁을 벌이곤 했습니다. 바빌론 사람들은 행운의 여신을 어떻게 하면 만날 수 있는지 방법을 알고 있었을까요? 지금부터 그들의 이야기에 귀를 기울여 봅시다.

행운을 부르는 방법은 없을까?

사막의 뿌연 먼지 사이로 커다랗고 붉은 불덩이 같은 해가 질 무렵이었습니다. 아카드가 익숙한 단상으로 발걸음을 옮겼습니다. 꽉 찬 강당에는 많은 사람이 양탄자 위에 나란히 앉아 그가 오기만을 기다리고 있었지요. 아카드가 단상에 선 뒤에도 사람들은 강당으로 계속 들어왔습니다. 아카드가 사람들에게 질문을 던졌습니다.

"오늘 밤에는 어떤 주제로 토론을 할까요?"

잠시 망설이던 키 큰 남자가 대답했습니다.

"저는 직조공입니다. 논의하고 싶은 주제가 있는데요. 아카드 님과 여기 계신 분들이 놀리실까 봐 망설여집니다."

아카드와 사람들이 호응을 하자 그는 용기가 났는지 말을 이었습니다.

"오늘 저는 운이 무척 좋았습니다. 금화가 가득 찬 지갑을 주웠거든요. 계속해서 이렇게 운이 좋았으면 하는 것이 저의 큰 소망입니다. 모든 사람이 저와 같은 바람을 가지고 있다고 생각합니다. 그래서 **행운을 부르는 방법**에 관해 토론해 보면 좋을 것 같습니다."

아카드가 미소를 머금고 고개를 끄덕였습니다.

"정말 흥미로운 주제입니다. 충분히 논의할 가치가 있지요. 어떤 사람들은 행운이 아무 이유 없이 우연히 찾아온다고 생각합니다. 또 어떤 사람들은 자비로운 여신 **이슈타르**가 행운을 가져다 준다고 믿지요. 여러분은 어떻게 생각하시나요? 우리 모두에게 행운이 오게 할 방법은 없을까요?"

여기저기서 열정적인 반응이 쏟아졌습니다.

"물론 있습니다."

누군가의 대답에 아카드가 이어서 말했습니다.

"토론을 본격적으로 시작하기 전에 우리 가운데서 방금 전의 직조공처럼 노력하지 않고도 귀중한 보물이나 보석을 갖게 된 사람들의 이야기를 들어보겠습니다."

이슈타르Ishtar

메소포타미아의 신화에 나오는 여신으로 '이난나' 혹은 '아스타르테'라고도 불립니다. 사랑의 신이자 미의 여신인 이슈타르는 전쟁과 다산의 신, 기쁨과 슬픔의 신, 아침과 저녁의 신 등 이중적인 모습을 가지고 있지요. 사랑의 신이자 다산의 신인 이슈타르는 하늘과 땅의 모든 생명체를 지배함으로써 인간에게 부유함은 물론 행운과 불행도 동시에 주었습니다.

그러나 사람들은 다른 이의 말을 기다리기만 할 뿐 잠잠했습니다. 아카드가 다시 이야기를 했습니다.

"아무도 없나요? 그렇다면 이런 행운은 정말 드문 것임이 분명하군요. 자, 그럼 토론을 어떤 방향으로 이어가는 게 좋을까요? 제안할 사람은 없나요?"

말끔하게 차려입은 젊은이가 자리에서 일어났습니다.

"사람들은 행운에 대해 말할 때 보통 도박을 생각합니다. 많은 이들이 행운의 여신의 은총을 바라며 도박장에 가지 않나요?"

그가 자리에 앉자 다른 목소리가 들려왔습니다.

"그럼 당신은 도박장에서 행운의 여신에게 선택받은 적이 있나요? 여신이 당신의 주사위가 붉은색 면이 나오도록 해주었나요? 아니면 파란색 면을 나오게 해서 힘들게 번 돈을 몽땅 날렸나요?"

젊은이가 미소 지으며 대답했습니다.

"여신은 제가 거기 있는지도 몰랐을 겁니다. 다른 분들은 어떠셨나요? 여신이 우리 옆에서 지켜보다가 우리에게 유리한 쪽으로 주사위가 나오게 하는 걸 느껴본 적 있나요? 저는 정말 궁금합니다."

아카드노 안바니 서늘었지요.

"시작이 좋습니다. 우리는 다양한 문제의 여러 측면에 대해 논의하기 위해 여기 모였습니다. 도박도 빼놓을 수는 없는 주제죠. 모든 인간의 공통된 본능, 즉 적은 노력으로 큰돈을 벌려는 욕구를 그냥 지나칠 수는 없으니까요."

이번에는 또 다른 사람이 입을 열었습니다.

"어제 마차 경주장에 갔던 일이 생각나네요. 행운의 여신이 정말 있다면, 위풍당당한 황금빛 마차와 회색 말이 입에 거품을 물고 달리는 마차 경주를 그냥 지나치지는 않겠죠? 아카드 님, 솔직하게 말해 주세요. 행운의 여신이 어제 아시리아에서 온 회색 말에 돈을 걸라고 속삭인 건가요? 저는 아카드 님 바로 뒤에 있었는데, 아카드 님이 회색 말에 돈을 걸었다는 말을 듣고 정말 놀랐습니다. 공정한 경주라면 아시리아의 어떤 말도 바빌론의 말을 이길 수 없다는 것은 누구나 알지 않습니까? 그런데 마지막 한 바퀴를 남겼을 때, 안쪽에 있던 말이 비틀거리며 우리의 바빌론 말을 방해하는 바람에 아시리아의 말이 승리했습니다. 혹시 행운의 여신이 아카드 님에게만 알려준 건 아닌가요?"

아카드는 그의 농담 섞인 말에 웃으며 대답했지요.

"행운의 여신이 보잘것없는 인간의 경마 내기에 그토록 관심을 가질 이유가 있을까요? 내가 알기로 그 여신은 어려운 사람을 돕거나 그럴 만한 가치가 있는 사람에게 보상해 주는 것을 기쁨으로 여기는 '사랑과 존엄의 신'입니다. 나는 돈을 따고 잃는 도박장이나 경주장이 아니라 인간의 행위가 가치 있게 여겨지고 그에 따른 보상을 받는 곳에서 행운의 여신을 만나고 싶습니다."

아카드의 말에 분위기가 다시 진지해졌습니다. 아카드가 계속 말했어요.

"열심히 농사짓고 정직하게 장사해야 하듯, 인간은 모든 일에서 최선을 다할 때 보상을 받습니다. 물론 언제나 보상을 받는 것은 아니죠. 판단을 잘못할 수도 있고, 예기치 않게 궂은 날씨가 농사를 망쳐버릴 수도 있으니까요. 하지만 꾸준히 노력하면 대부분 이익을 얻을 수 있습니다. 시간과 노력을 많이 들일수록 수익을 올릴 기회가 많이 늘어납니다. 그러나 도박의 경우는 다릅니다. 돈을 많이 걸수록 도박장 주인이 돈을 벌 기회가 많아지죠. 도박장은 주인에게 유리하게 짜여 있으니까요. 도박장에 오는 사람이 돈을 딸 확률은 매우 낮아요. 하지만 이 사실을 아는 도박꾼들은 거의 없죠."

강당 뒤쪽에서 큰 소리가 들렸습니다.

"하지만 매번 큰돈을 따는 사람도 있습니다."

아카드는 계속 말을 이어갔습니다.

"물론 그럴 수도 있지요. 하지만 그런 식으로 번 돈이 얼마나 가치 있는지는 의문이네요. 제 주위에는 성공한 사람들이 많지만 도박으로 돈을 벌어 부자가 된 사람은 없습니다. 오늘 이 자리에 모인 분들도 성공한 사람들을 많이 알고 계실 텐데, 혹시 그중에서 도박으로 돈을 번 사람이 있는지 알고 싶군요. 그런 사람이 있다면 저한테도 알려주세요."

오랜 침묵이 흐른 후, 농담 섞인 대답이 나왔습니다.

"도박장 주인이요!"

아카드가 웃으며 다시 물었습니다.

"도박장 주인 말고 생각나는 사람이 없나요?"

아카드의 질문에 뒤쪽 어딘가에서 끙끙거리는 소리가 들렸고, 사람들은 웃음을 터뜨렸어요.

"누구에게나 주인 없는 지갑을 줍는 행운이 일어나지는 않습니다. 도박장에서도 행운의 여신을 만나기가 쉽지 않고요. 이 자리에서 고백하건대, 저 역시 전차 경주에서 딴 돈보다 잃은 돈이 훨씬 많습니다."

아카드가 다시 분위기를 잡고 말했습니다.

"그럼 이제는 거래와 사업에 대해 생각해 봅시다. 수익이 많은 거래를 성사시켰다면 노력에 대한 정당한 보상일까요, 아니면 우리가 미처 눈치채지 못한 여신의 선물일까요? 행운의 여신은 우리가 자기 삶에 최선을 다하고 있을 때 진정으로 우리를 도울 것입니다. 자, 여기에 대해 더 말씀하실 분 있습니까?"

그러자 이번에는 나이가 지긋한 상인이 일어나 흰색 겉옷을 매만지며 말했습니다.

"존경하는 아카드 님과 여기 계신 분들이 허락해 주신다면 제가 한 가지 제안을 하겠습니다. 아카드 님께서 말씀하신 것처럼 성공에 대한 공을 우리의 근면함과 수완의 덕으로 돌린다면, 거의 성공할 뻔했지만 그렇지 못한 경우나 큰돈을 벌 수 있었지만 기회를 놓친 경험들을 생각해 보는 것은 어떨까요? 실제로 그런 일들이 너무 많지 않나요? 솔직히 말해 노력해도 정당한 보상을 받지 못했다는 생각이 들 때가 많습니다. 분명 이 자리에 있는 많은 분이 제 말에 공감할 겁니다."

아카드노 이 말에 농의했습니다.

"현명한 접근 방법입니다. 여러분 가운데 행운을 거의 손에 넣었다가 놓친 경험이 있는 사람이 있나요?"

많은 사람이 손을 들었고, 그중에는 방금 전 이야기한 상인도 있었습니다. 아카드는 그에게 먼저 발언권을 주었어요.

"제안해 주신 선생의 이야기를 먼저 들어볼까요?"

"네, 그러지요. **행운이 우리에게 어떻게 다가오는지 그리고 우리가 얼마나 어리석게 행운을 놓치는지, 그래서 얼마나 큰 손해를 보고 나중에 후회하게 되는지에 대한 이야기**를 들려드리겠습니다."

상인은 자신의 이야기를 시작했습니다.

결정을 미루다가 기회를 놓친 남자

오래전 젊었을 때의 일입니다. 어느 날 아버지가 오셔서 좋은 기회가 있다고 말씀하시며, 투자를 해볼 것을 제게 권했습니다. 친한 친구분의 아들이 성벽 밖 멀지 않은 곳에서 개간되지 않은 땅을 찾았다고 했습니다.

그 땅은 운하 위쪽 높은 곳에 있어서 물이 들어올 수 없는 구조였습니다. 이 땅을 매입한 그 아들은 황소가 끄는 대형 수차 세 대를 만들어 물을 끌어 올리고 토양에 생명을 불어넣으려는 계획을 가지고 있었어요. 그런 다음, 땅을 여러 구획으로 나누어 채소밭으로 팔 계획이었고요.

하지만 그에게는 사업을 진행할 자금이 충분치 않았습니다. 그는 제 나이 또래였는데, 수입은 꽤 괜찮은 편이었지만 사업을 운영할 만큼의 큰돈은 없었어요. 그의 아버지도 우리 집처럼 대식구를 부양하느라 금전적으로 여유가 있는 편이 아니었죠. 그래서 그는 이 사업에 참여할 사람을 모집하기로 했습니다. 조건은 '땅을 팔 때까지 매달 자신의 수입 중 10분의 1을 이곳에 투자해야 하는 것'이었습니다. 이익은 나중에 투자금에 비례해서 공평하게 나눈다고 했습니다. 아버지는 저한테 이렇게 말씀하셨죠.

"아들아, 너는 아직 젊단다. 나는 네가 가치 있는 일에 투자해 존경받는 부자가 되기를 바란다. 네가 아버지의 무분별한 실수에서 교훈을 얻어 성공을 이루는 것을 보고 싶구나."

"아버지, 그것이야말로 제가 가장 간절히 바라는 일입니다."

"그렇다면 수입에서 10분의 1을 떼어 수익성 좋은 곳에 투자해 보거라. 거기서 나오는 수입만으로도 아버지 나이가 되기 전에 꽤 큰돈을 모을 수 있을 거야."

"아버지, 저도 부자가 되고 싶습니다. 하지만 지금은 돈을 쓸 데가 너무 많아요. 그래서 당장은 아버지 말씀대로 하기가 쉽지 않습니다. 저는 아직 젊으니까 너무 서두르지 않아도 되지 않을까요?"

"나도 네 나이 때는 그렇게 생각했단다. 하지만 그렇게 기회를 미루면, 시간이 많이 흘러도 크게 달라지지 않는단다. 기회가 지금 네 눈앞에 있어. 망설이지 마라. 당장 내일 그를 찾아가서 수입의 10분의 1을 투자하겠다고 말거라. **기회는 기다리지 않아. 오늘은 여기 있지만 내일은 사라져버리는 게 기회야.** 그러니 부디 지체하지 말거라."

아버지가 그렇게 충고하셨는데도 저는 망설였습니다. 마침 상인들이 동방에서 옷을 가져왔는데 너무나 멋지고 훌륭했지요.

아내와 저는 그 옷들이 무척 갖고 싶었습니다. 만약 내가 수입의 10분의 1을 투자하기로 결심한다면, 이토록 아름답고 근사한 옷을 영영 가지지 못할 거라 생각했죠. 결국 저는 결정을 차일피일 미루다가 투자하지 않았습니다.

하지만 그 사업은 번창했고 예상보다 훨씬 더 큰 수익을 올렸습니다. 아버지의 충고를 따르지 않은 게 너무나 후회가 됐지만 이미 때는 늦은 뒤였습니다. 저는 그렇게 제게 찾아온 기회를 놓치고 말았습니다.

'작은 시작'이 '큰 기회'를 만든다

상인이 이야기를 마치자 사막에서 온 검은 피부의 남자가 손을 들었습니다.

"이 이야기를 듣고 나니 기회는 준비된 자에게만 찾아온다는 말이 새삼 더 와닿습니다. 아무리 큰 재산도 자신의 수입에서 떼어낸 적은 돈에서 시작하며, 그 작은 시작이 나중에 큰 투자로 전환되는 것이겠죠."

이렇게 운을 뗀 남자는 자신의 경험을 이야기했습니다.

"저는 지금 많은 가축을 소유하고 있습니다. 이 모든 것은 제가 어렸을 때 은화 한 냥으로 산 송아지 한 마리에서 시작된 일이었습니다. 그 작은 송아지가 결국 저를 부자로 만들어주었지요. 재산을 모으기 위한 첫걸음을 내딛는 것은 누구에게나 찾아올 수 있는 행운입니다. '노동을 통해 돈을 버는 사람'에서 '돈에서 나오는 배당금을 받는 사람'으로 바뀌는 단계는 너무나도 중요합니다. 다행히 젊었을 때 시작한 사람들은 뒤늦게 시작하거나 시작조차 하지 못하는 불행한 사람들보다 훨씬 더 많은 돈을 모을 수 있습니다."

이 말을 듣고 어떤 이가 머뭇거리며 일어났습니다.

"음… 여러분들의 말씀 잘 들었습니다. 저도 한마디 하고자 합니다. 아, 저는 시리아에서 왔습니다. 그래서… 바빌론 말을 잘하지 못합니다. 그러니 관대한 마음으로 들어주시기 바랍니다. 우물쭈물 망설이고 미루는 사람은 행운의 여신이 찾아와서 기회를 줘도 잡지 못하는가 봅니다. 그저 기다리기만 할 뿐이죠. 그러면서 할 게 많다고 합니다. 그런 사람에게 기회란 더 이상 없다는 걸 알겠습니다. 행운의 여신은 그런 안일한 사람을 기다려주지 않는 서군요."

아카드가 주위를 둘러보며 또 말했습니다.

"기회에 대한 또 다른 이야기를 들어볼까요? 누가 말씀해 주시겠습니까?"

이때 붉은 옷을 입은 중년 남자가 자리에서 일어났습니다.

"저는 가축 상인입니다. 주로 낙타와 말을 사고팔지요. 가끔 양과 염소도 거래하고요. 지금부터 전혀 예상하지 못했던 어느 날 밤, 기회가 찾아왔다가 가버렸던 이야기를 하겠습니다. 기회가 너무 갑자기 찾아와서 제가 기회를 놓친 건지도 모르겠습니다. 여러분이 판단해 주시기 바랍니다."

게으름과 망설임이라는 적

한번은 낙타를 찾아 열흘 동안이나 사막을 돌아다녔습니다. 그러던 어느 날 저녁, 아무 소득 없이 도시에 돌아오는 길이었는데 성문이 잠겨 있더군요. 너무 허탈했습니다. 그래서 성 밖에서 노예들과 함께 천막을 치고 식량과 물도 없이 하룻밤을 보내려고 했지요. 그런데 우리처럼 성에 들어가지 못한 한 늙은 농부가 제게 다가와 말을 걸었습니다.

"안녕하세요. 보아하니 가축을 사려고 하시는 것 같습니다. 제가 방금 몰고 온 양 떼를 팔고 싶은데, 어떠신가요? 실은 제 아내가 열병에 걸려 서둘러 가봐야 하는 상황입니다. 제 양들을 사주시면 저는 지금 당장 사랑하는 아내에게 돌아갈 수 있을 텐데 말입니다."

너무 어두워서 정확한 수를 확인할 수는 없었지만, 울음소리를 들으니 상당히 많다는 건 알 수 있었지요. 낙타를 찾느라 열흘을 허비했지만 아무 성과도 올리지 못한 나는 그와 거래를 할 수 있게 되어 다행이라고 생각했습니다. 농부는 조급했던지 아주 괜찮은 가격을 제시했고, 저는 흔쾌히 응했습니다. 날이 밝고 아침에 양 떼를 몰고 성안으로 들어가서 팔면 상당한 이윤을 남길 수 있다고 생각했죠.

나는 노예들에게 횃불을 가져와 농부가 말한 대로 양이 900마리가 맞는지 세어보라고 했습니다. 양들은 목이 마른 것 같았고, 사람이 다가가자 불안해하며 여기저기 몰려다녔습니다. 이런 상황에서 양의 수를 세는 것이 얼마나 힘든지는 여러분도 잘 아실

섭니다. 노저히 불가능했습니다. 그래서 저는 농부에게 날이 밝으면 양의 수를 정확히 확인한 뒤에 돈을 지불하겠다고 말했습니다. 그러자 농부가 이렇게 말하더군요.

"그럼 이렇게 하시죠. 오늘 밤에 대금의 3분의 2만 지불해 주시면 저는 먼저 떠나겠습니다. 제가 가장 믿는 노예를 남겨둘 테니 나머지 대금은 그에게 주시면 됩니다."

하지만 저는 계속 고집을 부리고 그날 밤 돈을 지불하지 않았습니다. 이튿날 아침, 제가 눈을 뜨기도 전에 성문이 열렸습니다. 그 사이 네 명의 구매자가 양 떼를 찾아 달려 나왔습니다. 도시가 포위 위협을 받고 있던 터라 식량이 풍부하지 않았기 때문에 그들은 높은 가격을 불렀습니다. 늙은 농부는 제게 제안한 가격의 거의 세 배에 가까운 돈을 받고 그들에게 양 떼를 팔았죠. 저는 굴러 들어온 복을 걷어찬 꼴이 되었습니다."

이야기가 끝나고 중년 남자가 자리에 앉자, 아카드가 입을 열었습니다.

"좀 특이한 경우네요. 그런데 여러분은 이 이야기에서 어떤 교훈을 얻었나요?"

이번에는 말안장 제조공이 대답했습니다.

"좋은 거래라는 생각이 들면 나에게 다소 불리한 점이 있더라도 수용하고 신속하게 거래를 마무리해야 합니다. 인간의 마음은 쉽게 변하니까요. 그래서 저는 이런 약점에 대한 보호책으로 즉시 계약금을 지불합니다. 그래야만 행운을 놓치고 후회하는 일이 없을 테니까요."

시리아인이 다시 자리에서 일어났습니다.

"결국 비슷한 이야기네요. 행운의 여신은 우물쭈물거리는 이들에게도 찾아가지만 그들은 매번 주저하죠. 지체할 겨를이 없는데도 지금은 때가 아니라고 말합니다."

이번에는 가축 상인이 대답했습니다.

"맞는 말씀입니다. 모두 행운을 놓친 이야기지요. 그런데 사실 이런 경우는 흔합니다. 미루는 습성은 모든 인간의 마음속에 들어 있어요. **우리는 부자가 되기를 원하지만, 막상 기회가 오면 미루는 습성이 작동해 곧바로 결정을 내리지 못하게 만들죠. 결국 우리의 적은 바로 우리 자신입니다.** 젊었을 때는 수익이 괜찮은 거래를 많이 성사시키지 못한 게 저의 판단력 부족 때문이라고 생각했어요. 좀 더 나이 든 뒤에는 제 고집 때문이라고 생각

행운의 여신은

우리가 자기 삶에 최선을 다하고 있을 때

진정으로 우리를 도울 것입니다.

했죠. 그리고 이제 저는 신속하고 단호하게 행동하는 습관이 얼마나 중요한지 알게 되었습니다. 뒤늦게서야 깨닫게 된 제 자신이 얼마나 싫었는지 모릅니다. 수레에 묶여 있는 나귀 같은 쓰라린 심정으로, 게으름이라는 내 안의 적에게서 벗어나기 위해 안간힘을 썼습니다."

행운은 행동하는 사람에게 온다

시리아인이 투자 기회를 놓쳤던 경험을 이야기한 나이 지긋한 상인에게 물었습니다.

"어르신께 여쭙고 싶은 것이 있습니다. 이제는 미루는 습성을 완전히 버리셨나요? 차려입으신 걸 보니 꽤 큰돈을 버신 것 같아서요."

"좀 전에 이야기하신 가축 상인처럼 저 역시 그런 습성이 있다는 것을 깨닫고 이겨내려고 노력했습니다. 미루는 습관은 제 성공을 가로막기 위해 언제나 나를 노리는 적과 같았으니까요. 제가 들려드린 이야기는 주저하는 습성이 저의 기회를 어떻게 빼앗아 갔는지 보여주는 수많은 사례 중 하나일 뿐이죠. 하지만 일단 깨닫고 나니 그 습관에서 벗어나는 건 어렵지 않았습니다. 도둑이 집 안의 곡식 창고를 터는데도 그냥 놔두는 사람은 없을 겁니다. 마찬가지로 내 경쟁 상대가 고객을 빼앗고 이익을 가로채는 것을 보고만 있을 사람도 없겠지요. 저 역시 나의 적이 이러한 행위를 한다는 것을 알아차렸을 때, 결단력 있게 행동함으로써 적을 무찔렀습니다. 바빌론의 풍요로운 보물을 갖고 싶다면 미루는 습관을 버려야 합니다."

상인이 이번에는 아카드를 쳐다보고 물었습니다.

"아카드 님은 어떻게 생각하십니까? 선생은 명실공히 바빌론 최고의 부자이십니다. 자기 안에 있는 미루는 습관을 확실히 없애기 전에는 누구도 완전한 성공에 도달할 수 없다는 제 말에 동의하십니까?"

아카드가 고개를 크게 끄덕였습니다.

"예, 맞습니다. 저는 지금까지 살아오면서 대를 이어 무역, 과학, 학문의 길로 매진하는 사람들을 많이 보았습니다. 기회는 누구에게나 찾아옵니다. 그런데 **기회를 꽉 붙잡는 사람들이 있는가 하면, 주저하다가 성공하지 못하는 사람들도 있습니다.**"

이번에는 아카드가 젊은 직조공을 바라보았습니다.

"오늘 자네가 행운에 관해 토론하자고 제안하지 않았나? 자네 생각이 어떤지 듣고 싶네."

젊은 직조공은 상기된 얼굴로 말했습니다.

"저는 이제 행운을 다른 시각으로 보게 되었습니다. 처음에는 행운을 노력 없이도 얻을 수 있는 것으로 생각했습니다. 하지만 행운은 제 발로 찾아오지 않는다는 것을 알게 되었죠. 행운을 불러들이려면 기회가 왔을 때 주저하지 않을 만큼 준비가 되어야 한다는 것도 알았습니다. 앞으로는 저에게 오는 기회를 최대한 활용하기 위해 노력해야겠다고 마음먹었습니다."

젊은 직조공의 말을 들은 후, 아카드가 온화한 목소리로 말했습니다.

"오늘 토론을 통해 좋은 교훈을 얻은 것 같습니다. 행운의 여신은 기회와 함께 옵니다. 우리는 그 기회를 잡아야 하고요. 앞서 말씀하신 상인께서 행운의 여신이 준 기회를 잡았다면 큰 부를 얻었을 겁니다. 마찬가지로 가축 상인도 양 떼를 사서 높은 가격에 팔았다면 행운을 누렸겠죠. 우리는 오늘, 행운을 불러올 수 있는 방법을 찾기 위한 토론을 진행했습니다. 그리고 이제 그 방법

을 찾은 것 같습니다. 두 이야기 모두 행운이 어떻게 기회를 따라오는지를 잘 말해 줍니다. 행운을 잡은 이야기든 아니든, 진실은 하나입니다. 바로 **'행운의 여신은 기회를 받아들인 자에게 찾아온다'**는 것입니다. 자신의 발전을 위해 기회를 잡으려는 사람들은 행운의 여신에게 관심을 받습니다. **행운의 여신은 자신을 기쁘게 하는 사람을 돕습니다. 행동하고 실천하는 사람을 가장 좋아하지요.** 우리의 행동이 우리가 열망하는 성공으로 이끈다는 사실을 잊지 맙시다."

행운의 법칙

행운의 법칙, 첫 번째 키워드는 '도전'입니다. 사람들은 기회를 잡아야 한다고 말해요. 그런데 기회는 도전을 많이 하는 사람들에게 오는 티켓과 같습니다. 그러니 성공이란 열차에 타려면 도전이라는 티켓을 얻어야 하지요. 도전해서 실패하는 것을 두려워하지 마세요. 새로운 경험을 즐기겠다는 마음으로 다가서기 바랍니다. 도전이 거듭될수록 긴장에서 벗어날 수 있는 마음의 근육이 단단해집니다.

행운의 법칙, 두 번째 키워드는 '긍정'입니다. 여러분은 긍정의 힘을 믿나요? 긍정적인 생각은 긍정적인 말과 행동으로 이어지고 결국 좋은 결과를 낳습니다. 반면에 부정적인 생각은 부정적인 결과를 낳지요. 여기서 기억할 점은 부정의 힘은 긍정의 힘보다 훨씬 강하다는 거예요. 그래서 긍정의 힘이 단단하지 않으면 부정의 힘에 금방 무너지고 맙니다. 그러니 여러분의 주변을 긍정적인 생각, 말, 행동으로 가득 채우세요.

행운의 법칙, 세 번째 키워드는 '습관'입니다. 남들보다 좋은 결과를 내는 친구들의 비밀은 무엇일까요? 그 친구들을 유심히 관찰해 보세요. 그들의 책상 위에서 잘 짜인 계획표를 발견할지도 모르겠네요. 아마 그 친구는 자신이 세운 계획대로 움직이고 있을 것입니다. '나는 계획을 세워 실천하기가 어려워'라고 생각하는 친구는 '작심삼일 법칙'을 따라해 보세요. 이 법칙의 핵심은 계획표를 3일만 세우는 거예요. 3일이 지나면 다시 3일 계획을 세워요. 이렇게 '작심삼일 법칙'을 일곱 번 실행해서 21일을 채우면 내 몸의 변화를 느낄 수 있어요. 21일은 습관이 내 몸에 베는 데 걸리는 시간이래요.

이 외에도 여러분을 변화시키는 행운의 법칙은 정말 많습니다. 여러분 중에는 본인도 모르게 운의 법칙을 사용하는 친구들도 있을 거예요. 옆에 있는 친구가 운이 좋은 것 같나요? 나는 운이 나쁜 것 같나요? 여러분의 일상을 면밀히 들여다보세요. 비밀은 그 안에 있답니다.

행운은 저절로 오지 않습니다. 노력한다 해도 오지 않을 때도 있지요. 그렇다고 내가 한 노력이 아무런 힘도 발휘하지 못하는 것은 아니에요. 내가 투자한 시간과 노력의 결과가 지금 이 자리에서 빛을 보지 못한 것 뿐이지 언젠가는 노력의 대가를 얻을 수 있답니다. 그러니 멈추지 말고 여러분이 원하는 것을 향해 앞으로 나아가세요.

5장

절대 변하지 않는
부의 법칙

아들아, 세상에 나가 돈을 벌고
네가 존중받을 자격이 있다는 걸
사람들에게 보여주길 바란다.

가난했던 젊은 시절 내게는 없었던
다음의 두 가지를 너에게 주마.
하나는 황금 주머니,
다른 하나는 '황금의 다섯 가지 법칙'이 새겨진 점토판이지.

이제 너의 길을 떠나길 바란다.

황금 주머니와 지혜 주머니, 무엇이 더 귀한가?

"자네들은 황금으로 가득 찬 자루와 지혜의 말씀이 새겨진 점 토판 중 어느 것을 선택하겠나?"

사막 한가운데 모닥불이 타오르고 있었습니다. 햇볕에 피부가 검게 그을린 청년들이 호기심 어린 눈으로 질문을 던지는 칼라 밥을 쳐다봤지요. 스물일곱 명이 한목소리로 대답했습니다.

"황금 주머니요!"

칼라밥은 짐작했다는 듯 미소를 지었습니다.

"잘 들어들 보게."

그는 천천히 입을 열었습니다.

"밤에 들개의 울음소리를 들어본 적 있나? 굶주려서 바짝 야윈 몸으로 울부짖는다네. 그런 들개에게 먹이를 주면 어떻게 될까? 서로 먹겠다고 싸우고 다 먹은 후엔 거들먹거리며 여기저기 돌아다닐 거야. 그런 들개들에게 내일이란 없지. 사람도 마찬가지야. 황금과 지혜 중 하나를 고르라고 하면 어떻게 할까? 자네들이 말한 것처럼 지혜는 안중에도 없고 황금을 가져가서 마구 써버릴 거야. 하지만 얼마 지나지 않아 황금이 다 떨어진 걸 알고 슬퍼하겠지. **황금은 지키는 법을 아는 자의 것이네.**"

차가운 밤바람이 불자 칼라밥은 옷을 여미었습니다.

"긴 여행을 하는 동안 자네들은 나를 정말 충실히 도와주었네. 낙타를 잘 돌봐주었고 사막의 뜨거운 모래 위도 묵묵히 건너왔어. 또한 내 물건을 약탈하려는 강도들과도 용감하게 싸웠고 말이야. 그래서 오늘 밤, 그에 대한 보답으로 자네들에게 '**황금의 다섯 가지 법칙**'에 대해 알려주려 하네. 지금까지 들어본 적 없는 이야기일 거야. 내가 하는 말을 잘 듣고, 그 뜻을 주의 깊게 되새기면 장차 많은 돈을 벌게 될 걸세."

칼라밥은 생각에 잠긴 듯 한동안 침묵했습니다. 바빌론의 맑고 투명한 하늘에는 별들이 찬란하게 빛나고 있었습니다. 일행 뒤편으로는 사막 폭풍을 대비하기 위해 단단히 묶인 천막이 보였지요. 그리고 천막 옆에는 차곡차곡 쌓인 물건들이 가죽으로 덮여 있었습니다. 그들 주변으로 낙타들이 모래밭에 널브러져 있었습니다. 되새김질하는 녀석이 있는가 하면 시끄럽게 코를 골며 자는 녀석도 있었습니다.

"지금까지는 낯설고 먼 땅에서 겪은 모험에 대한 이야기를 주로 했네만, 오늘 밤에는 지혜로운 부자 아카드에 대한 이야기를 들려줄까 하네. 현명하게 살아가는 데 도움이 될 만한 지혜를 얻을 수 있을 거야."

한 짐꾼이 그의 말에 고개를 끄덕이며 말했습니다.

"바빌론 최고의 부자였다는 아카드에 대해선 저희도 많이 들어봤습니다."

"맞네. 아카드는 사람들이 몰랐던 돈의 흐름을 깨닫고 바빌론에서 제일가는 부자가 된 분이시지. 오늘 밤에는 내가 젊었을 때 니네베에서 들은 아카드의 위대한 지혜를 말해 주겠네."

칼라밥은 지난날을 떠올리며 말했습니다.

"오래전 이야기라네. 나는 아카드의 아들인 노마시르의 저택에 머물며 밤 늦게까지 일을 하고 있었지. 고급 양탄자 다발을 집으로 옮기는 일이었다네. 노마시르는 원하는 색깔의 양탄자를 고르기 위해 꼼꼼하게 살펴봤어. 마음에 드는 양탄자를 찾은 후 흡족해하면

니네베Nineveh

니네베의 수호신인 '니나가 사는 곳'이라는 뜻을 가지고 있습니다. 이라크 티그리스 강 상류에 있는 고대 아시리아 제국의 수도이자, 오늘날의 이라크 북부 모술 시내 동부에 위치한 유적지이죠. 니네베는 무역로의 중요한 교차점으로 많은 부를 얻었고, 신아시리아 제국의 마지막 수도가 되었습니다.

서 자기 옆에 앉으라고 했지. 그러고는 귀한 포도주를 권했다네. 온몸이 따뜻해지고 배 속이 짜릿해지는 것을 느꼈네. 그런 경험은 생전 처음이었어. 노마시르는 그때 자신의 아버지에게 배웠던 위대한 지혜에 관한 이야기를 들려주었다네. 지금부터 할 이야기가 바로 노마시르가 내게 해준 이야기일세."

아버지가 전해 준 황금과 점토판

바빌론에서는 아버지가 부자면 자식들은 부모와 함께 살면서 재산을 물려받는 것이 관습이야. 하지만 나의 아버지 아카드

는 그것을 인정하지 않았지. 내가 재산을 물려받을 나이가 되자 아버지는 나를 불러서 이렇게 말했다네.

"아들아, 네가 내 재산을 물려받을 수 있으려면 먼저 네가 재산을 현명하게 관리할 수 있다는 것을 증명해 보여야 한다. 세상에 나가서 직접 돈을 벌고 사람들에게 존경받을 자격이 있다는 것을 보여주길 바란다. 네게 도움이 될 수 있도록 가난했던 젊은 시절 내게는 없었던 두 가지를 주마."

나는 궁금한 마음으로 아버지를 바라봤다네. 아버지는 인자한 목소리로 내게 말씀하셨지.

"**하나는 황금 주머니**다. 이 황금을 자본금으로 삼고 현명하게 사용한다면 나중에 성공하는 데 큰 도움이 될 것이다. **다른 하나는 황금의 다섯 가지 법칙이 새겨진 점토판**이란다. 이 점토판에 새겨진 가르침을 따르고 실천하면 안전하게 부를 유지할 수 있을 거다. 이제 너의 길을 떠나길 바란다. 그리고 10년 후에 다시 집에 돌아와 네가 어떤 일을 겪었는지 말해다오. 네가 가치 있는 일을 했다고 생각되면 내 재산을 물려줄 것이고, 그렇지 않으면 제사장들에게 주어 신들이 내 영혼을 달래주게 할 거야."

나는 황금 주머니와 비단 천으로 정성스레 감싼 점토판을 말에 신고 노예와 함께 길을 떠났네.

그리고 10년이 지난 후 약속대로 집으로 돌아왔지. 아버지는 나를 반갑게 맞이하고, 친구와 친지를 초대해서 성대한 잔치를 열어주었다네.

잔치가 끝난 후 부모님은 화려한 의자에 자리를 잡고 앉았지. 약속한 대로 가족 앞에서 그동안 겪은 이야기를 해야 할 시간이 온 거야. 밤이 되니 석유램프의 심지에서 나오는 연기로 집 안은 뿌예졌고 불빛은 희미해졌네. 흰옷을 걸친 노예들이 습한 공기를 몰아내기 위해 넓은 야자수 잎으로 천천히 부채질을 했지. 분위기는 아주 차분하고 엄숙했다네. 내 뒤에는 아내와 어린 두 아들이 다른 가족들과 함께 카펫 위에 앉아 이야기를 들을 준비를 하고 있었어. 마침내 나는 예를 갖추고 입을 열었네.

"이 자리를 빌려 아버지의 지혜 앞에 고개 숙여 경의를 표합니다. 10년 전 제가 성인의 문턱에 섰을 때, 아버지께서는 저에게 당신의 재산만 바라지 말고 밖으로 나가 진정한 인간이 되라고 하시며 신의 황금과 지혜를 아낌없이 주셨지요. 아, 그런데 그 황금! 부끄럽지만 고백하지 않을 수 없네요. 저는 그 황금을 몽땅 날렸습니다. 산토끼가 초보 사냥꾼에게서 쉽게 도망치듯 황금은 세 눈에서 빠져나가 버렸지요."

아버지는 다정하게 날 바라보며 고개를 끄덕였어.

"그동안 어떤 일들이 있었던 건지 더 자세한 이야기를 듣고 싶구나."

"10년 전 저는 니네베로 가기로 정했습니다. 한창 발전하는 도시였기 때문에 그곳에서 충분히 기회를 찾을 수 있을 거라 생각했어요. 그래서 그곳으로 가는 대상 무리에 합류했고 거기서 많은 친구들을 사귀었습니다. 그 가운데 말주변이 좋은 친구 두 명이 있었는데, 그들은 바람처럼 빠르고 멋진 백마를 타고 있었습니다.

함께 여행하면서 그들은 경주에서 한 번도 진 적이 없을 정도로 빠른 말을 가진 부자가 있다는 얘기를 했습니다. 그 말의 주인은 '이 세상에 자기 말보다 더 빨리 달리는 말은 없다'며 '얼마든지 내기를 할 수 있다'고 했다면서요. 하지만 그 친구들이 말하길, 자신들의 말에 비하면 그 말은 느려터진 나귀에 불과해서 쉽게 이길 수 있다고 했습니다. 그들은 내게 큰 호의를 베푸는 듯이 내기에 참여할 수 있도록 주선해 주겠다고 했어요. 저역시 그 내기에서 충분히 이길 수 있다고 생각했습니다. 하지만 우리의 말은 부자가 가진 말의 상대가 되지 않았고, 결국 저는 많은 돈을 잃었습니다.

그런데 나중에 알고 보니 그건 속임수였습니다. 그들은 사기꾼이었고, 니네베에 산다는 그 부자 역시 일당 중 한 명이었죠. 내기에서 번 돈은 서로 나누어 가졌다고 하더군요. 감쪽같이 속아 넘어간 저는 정신을 바짝 차리고 더 조심해야 한다는 첫 번째 교훈을 얻었습니다."

연이은 실패로 얻은 교훈

아버지는 내 이야기를 무척 흥미로운 표정으로 들어주셨다네. 나는 계속해서 내가 경험한 이야기들을 솔직하게 말씀드렸지.

"그런데 그 첫 교훈이 무색하게도, 저는 얼마 지나지 않아 또다시 좌절을 겪고 말았습니다. 대상 무리에서 저와 꽤 친하게 지내던 또 다른 젊은 친구가 있었어요. 그는 부잣집 아들이었고, 저와 마찬가지로 돈을 벌 기회를 찾기 위해 니네베로 가던 중이었지요.

니네베에 도착한 지 얼마 지나지 않아 그 친구가 찾아왔습니다. 장사가 꽤 잘되던 어느 상점 주인이 죽었는데, 그 가게를 헐값에 인수할 수 있다고 말하며 제게 동업을 제안했습니다. 그는 자신의 돈은 바빌론으로 돌아가서 가져와야 하니, 상점을 확보하기 위해 일단은 제 돈으로 가게를 인수하자고 설득했습니다. 나중에 자기가 돈을 가져오면 그 돈으로 함께 상점을 운영하자고 했지요.

하지만 그는 바빌론으로 가는 것을 차일피일 미루었고, 함께 일해 보니 물건을 제값에 사 오지도 못하고 제대로 팔지도 못했습니다. 결국 저는 그를 내보낼 수밖에 없었습니다. 가게에는 팔지 못하는 물건만 남아 있었고, 새 물건을 사고 싶어도 여윳돈이 없었습니다. 그래서 저는 하는 수 없이 이스라엘 사람에게 헐값에 그 가게를 넘기고 말았습니다."

아버지는 내 얘기를 들으면서 같이 안타까워하셨어. 하지만 아직 내 고난의 이야기는 끝나지 않았다네.

"그 후에도 고달픈 나날이 이어졌습니다. 일자리를 찾아다녔지만 계속 허탕만 쳤어요. 저는 장사 경험도 없었고, 돈을 벌

니네베의 상상도

수 있는 기술도 없었으니까요. 저는 먹을 것을 사고 잠잘 곳을
마련하기 위해 말과 노예를 팔았고, 나중에는 남은 옷가지도 팔
았습니다. 시간이 지나면서 저는 냉혹한 현실에 점점 더 움츠러
들었습니다. 그러던 어느 날, 아버지가 저에게 하신 말씀이 불현
듯 떠올랐습니다. 세상에 나가 진정한 인간이 되라고 하신 말씀
말이지요. 저는 남들에게 존경받는 사람이 되고 싶다는 마음이
너무도 간절해졌습니다."

　이 말을 듣던 나의 어머니는 얼굴을 묻고 조용히 눈물을 흘

티셨네. 그 모습에 잠시 뭉클했지만, 어쨌든 다시 이야기를 이어 나갔지.

"그때 아버지께서 주신 '황금의 법칙'이 새겨진 점토판이 생각났습니다. 저는 그제서야 거기에 적힌 지혜의 말들을 꼼꼼히 읽었습니다. 그리고 깨달았습니다. 이 지혜들을 먼저 구했더라면 황금을 잃지 않았을 거라는 사실을 말이지요. 저는 그 법칙들을 읽고 또 읽으며 마음속으로 되새겼고, 행운의 여신이 다시한번 저에게 미소를 지을 때는 젊음의 미숙함이 아니라 지혜로움으로 받아들이겠다고 마음먹었습니다. 오늘 밤 여기 오신 분들을 위해 10년 전 아버지께서 주신 그 점토판에 새겨진 지혜를 보여드리겠습니다."

황금의 5가지 법칙

Ⅰ. 황금은 수입의 10분의 1 이상을 꾸준히 저축하는 사람에게 찾아오며, 나중에는 자신과 가족의 미래를 충분히 보장할 정도로 불어날 것이다.

II. 황금은 현명한 주인을 위해 부지런히 일하고 계속해서 늘어나며 언젠가는 들판의 양 떼처럼 많아질 것이다.

III. 현명한 사람의 조언에 따라 신중하게 투자하는 사람은 황금을 잃지 않는다.

IV. 자신이 잘 알지 못하는 분야에 투자하거나 해당 분야에 경험이 많지 않은 사람이 권하는 곳에 투자하면 황금을 잃게 된다.

V. 일확천금을 노리거나 사기꾼의 감언이설에 넘어가거나 투자에 미숙하거나 헛된 욕망을 좇는 사람은 황금을 거머쥘 수 없다.

"이것이 아버지께서 제게 주신 황금의 다섯 가지 법칙입니다. 이 법칙들은 황금 그 자체보다 훨씬 더 큰 가치가 있습니다. 왜 그런지는 그다음의 제 이야기를 들어보면 알게 되실 겁니다."

3개의 황금 자루

모여 있는 사람들이 다들 궁금한 얼굴로 나를 바라보았어.

나는 다시 이야기를 시작했다네.

"좀 전까지는 제 어리석음이 가져온 가난과 절망에 대해 말씀드렸습니다. 그러나 끝나지 않는 재앙은 없는 법이죠. 니네베의 성 외벽을 쌓는 노예들을 관리하는 일자리를 얻고 난 이후, 저에게도 고난의 끝이 보이기 시작했습니다.

저는 황금의 첫 번째 법칙에 따라 첫 수입에서 동화 한 냥을 저축했고, 돈이 생길 때마다 저축해서 은화 한 냥까지 모았습니다. 먹고살아야 했기에 꽤 긴 시간이 걸렸습니다. 저는 아버지께서 주신 황금을 10년 안에 꼭 갚아야겠다고 결심했습니다. 그래서 돈을 최대한 아꼈어요. 그러던 어느 날 친하게 지내던 노예 주인이 저에게 이렇게 말하더군요.

'자네를 계속 지켜봤는데 돈을 허투루 쓰지 않고 열심히 모으는 것을 보고 참 검소한 젊은이라고 생각했네. 그런데 투자는 안 하고 열심히 모으기만 하는 것 같군.'

그래서 저는 말했지요. 아버지께서 주신 돈을 몽땅 잃는 바람에 그 돈을 하루빨리 모으는 것이 목표라고요. 그러자 그는 또 이렇게 말하더군요.

'그것도 충분히 가치 있는 일이지. 그런데 저축한 돈을 투자

하면 훨씬 더 많은 돈을 벌 수 있다는 사실을 알고 있나?'

그 사람의 물음에 저는 또 대답했습니다. 알고 있지만 이미 쓰라린 경험을 했기 때문에 또다시 그렇게 될까 봐 두렵다고 말이지요.

'자네가 나를 믿는다면 **돈을 제대로 불리는 법**을 가르쳐주겠네. 앞으로 1년 안에 성 외벽이 완성될 거야. 그러고 나면 적들로부터 도시를 방비하기 위해 입구마다 청동 문을 설치할 거라네. 문제는 니네베에 청동이 부족하다는 거야. 그런데도 왕은 청동을 만들 금속을 구하려고 하지 않고 있어. 그래서 나는 이런 계획을 세웠네. 우리가 돈을 모아 구리와 주석 광산으로 사람들을 보내고 성문에 사용할 금속을 니네베로 가져오게 하는 거야. 그러면 왕이 성문을 만들라고 지시할 때, 청동을 만드는 데 필요한 금속을 비싼 가격에 공급할 수 있을 거야. 혹시 왕이 우리에게서 금속을 사지 않더라도 다른 사람들에게 제값을 받고 팔 수 있을 걸세.'

저는 그 사람의 제안이 아버지가 말씀하신 황금의 세 번째 법칙에 부합한다고 생각했습니다. 현명한 사람의 조언에 따라 저축한 돈을 투자할 기회를 찾은 거죠. 실패의 두려움은 생각하지 않기로 했습니다. 사업은 예상대로 진행되었고, 우리의 투자는 성공했습니다. 물론 저도 상당한 돈을 벌었지요.

그 후 저는 다른 공동 투자에도 참여했습니다. 여기에 참여한 사람들은 돈을 투자해서 수익을 올리는 수단이 뛰어났습니다. 투자 전에 계획을 세우고 신중하게 논의한 후 실행에 옮겼습니다. 원금을 잃거나 원금이 묶일 수 있는 곳에는 절대 투자하지 않았어요. 경주 말에 대해 전혀 모르면서 내기에 뛰어드는 것과 같은 어리석은 짓은 하고 싶지 않았습니다. 그때 이 사람들이 제 옆에 있었다면 저의 우둔함을 탓했을 겁니다.

저는 그들과 교류하면서 돈을 안전하게 투자하여 수익을 올리는 방법을 배웠습니다. 시간이 지날수록 제 보물 창고는 점점 더 채워졌어요. 잃은 돈을 되찾은 것은 물론 훨씬 더 많은 돈을 벌었지요. 저는 불행과 시련, 성공을 겪으면서 황금의 다섯 가지 법칙의 지혜를 몇 번이고 시험해 보았지만, 그때마다 변치 않는 사실이라는 것을 확인할 수 있었습니다.

황금의 다섯 가지 법칙에 대해 모르는 사람에게는 돈이 모이지 않을뿐더러 설사 모인다고 해도 금방 사라질 것입니다. 하지만 이 원칙을 지키는 사람에게는 돈이 따라오고 결국 돈은 그

의 충실한 노예로 일하게 될 것입니다."

나는 말을 멈추고 뒤편에 서 있던 노예에게 준비해 둔 가죽 자루 세 개를 가져오라고 했지. 나는 그 자루 중 하나를 아버지 앞에 내려놓으며 이렇게 말했다네.

"아버지는 제가 떠날 때 바빌론의 황금 자루를 주셨습니다. 모두가 보는 이 자리에서 똑같은 양의 니네베 황금 자루를 아버지께 돌려드리겠습니다."

나는 나머지 두 개의 자루를 가리키며 이렇게 말했어.

"아버지께서는 제게 지혜가 새겨진 점토판도 주셨는데요. 그 점토판 값으로 이 황금 두 자루를 드리겠습니다. 아버지께서 제게 주신 지혜는 황금보다도 더 큰 가치가 있었습니다. **지혜가 없으면 황금은 금세 사라집니다. 하지만 지혜가 있으면 가진 것이 없어도 황금을 벌어들일 수 있습니다.** 이 세 개의 황금 자루가 그 증거입니다. 아버지의 지혜 덕분에 제가 부자가 되었고, 사람들로부터도 존경받게 되었다고 아버지 앞에서 말씀드릴 수 있어서 더할 수 없이 벅찹니다."

아버지는 몹시 기뻐하셨어. 다정하게 내 머리를 쓰다듬으며 말씀하셨지.

"이들이, 네가 나의 교훈을 제대로 깨우쳤구나. 이제 내 재산을 네게 맡길 수 있게 되어 참으로 기쁘구나."

칼라밥은 노마시르에게 들었던 이야기를 끝낸 후 주위를 진지하게 바라보았습니다.

"자네들은 이 이야기를 듣고 어떤 교훈을 얻었는가? 자네들 중 아버지나 장인에게 가서 자기가 번 돈을 현명하게 운영했다고 자신 있게 말할 사람이 있나? 만약 '많이 여행하고, 많이 배우고, 많이 일하고, 많이 벌었지만, 돈은 거의 모으지 못했습니다. 돈을 계획성 있게 쓴 적도 있지만 낭비한 적도 있습니다. 안타깝지만 지금은 가진 돈이 거의 없습니다'라고 말한다면 그분들이 자기 재산을 맡기겠는가? 부자와 빈털터리가 단순히 운명에 의해 결정된다고 생각한다면 큰 착각일세."

칼라밥은 진지한 어조로 계속 말했습니다.

"황금의 다섯 가지 법칙을 알고 제대로 지켰을 때 부자가 될 수 있는 거라네. 나 역시 젊었을 때 이 원칙을 그대로 따랐기 때문에 부자가 되었다네. 신비한 마법의 힘으로 돈을 모은 게 아니야. **갑자기 생긴 돈은 빨리 잃는 법이라네. 오랫동안 기쁨과 만**

족을 주는 부는 지식과 끈기에서 태어난 자식이기 때문에 천천히 온다고들 하지. 사려 깊은 사람에게 돈을 모으는 일은 큰 부담이 아니야. 매년 조금씩 부담을 지다 보면 자신이 정한 목표를 달성할 수 있을 걸세. 명심하게. 황금의 다섯 가지 법칙을 지킬 때 좋은 결과를 보상받을 수 있는 거야. 법칙 하나하나에 깊은 의미가 담겨 있어. 나는 그 가치를 알고부터는 계속 마음속으로 되새겼네. 다시 정리해서 말할 테니 꼭 기억해 두기를 바라네."

황금의 5가지 법칙

....

첫 번째 법칙, 황금은 수입의 10분의 1 이상을 꾸준히 저축하는 사람에게 찾아오며, 나중에는 자신과 가족의 미래를 충분히 보장할 정도로 불어날 것이다.

"수입의 10분의 1을 꾸준히 저축하고 현명하게 투자하는 사람은 반드시 미래에 수입을 가져다줄 소중한 재산을 갖게 될 것이네. 그리고 이 재산은 신이 자네들을 어둠의 세계로 불러도 가족을 더욱 안전하게 보호해 줄 걸세. 이것은 변하지 않는 진리라네. 나는 내 삶을 통해 이것을 증명했고, 돈을 많이 모을수록 더 많은 돈을 벌 수 있었지. 돈이 일을 해서 점점 더 많은 돈을 벌게 해 주었거든. 이것이 첫 번째 법칙이라네."

두 번째 법칙, 황금은 현명한 주인을 위해 부지런히 일하고 계속해서 늘어나며 나중에는 들판의 양 떼처럼 불어날 것이다.

"황금은 스스로 일하는 일꾼이네. 기회만 있으면 증식하려고 하지. 그래서 황금을 모아둔 사람에게는 수익성 높은 곳에 투자할 기회가 찾아온다네. 그리고 시간이 흐르면서 황금은 놀라울 정도로 늘어나게 되지."

세 번째 법칙, 현명한 사람의 조언에 따라 신중하게 투자하는 사람은 절대 황금을 잃지 않는다.

"부주의한 사람은 황금을 잃지만, 신중한 사람은 황금을 잃는 법이 없지. 즉, 현명한 사람의 조언을 구하는 사람은 자기 재산을 위태롭게 하지 않고 안전하게 보존할 수 있을 뿐만 아니라 계속해서 불릴 수 있네."

네 번째 법칙, 자신이 잘 알지 못하는 분야에 투자하거나 해당 분야에 경험이 많지 않은 사람이 권하는 곳에 투자하면 황금을 잃는다.

"자신의 판단에만 의존하고 잘 모르는 분야에 투자하는 사람들에게는 늘 손실의 위험이 따르기 마련이야. 경험이 적은 사람은 자신의 미숙함에 대한 대가를 지불하지만, 현명한 사람은 신중하게 분석하고 수익이 나는 곳에 투자를 한다네. 전문가의 조언을 받아 투자하는 사람이야말로 진정으로 지혜로운 사람이라고 할 수 있지."

다섯 번째 법칙, 일확천금을 노리거나 사기꾼의 감언이설에 넘어가거나 투자에 미숙하거나 헛된 욕망을 좇는 사람은 황금을 거머쥘 수 없다.

"모험담처럼 들리는 이야기에는 항상 갑자기 많은 돈을 갖게 된 사람이 등장하는 법이네. 그래서 그들에게 큰 수익을 올릴 수 있는 마법의 힘이 있다고 착각하기 쉽지. 하지만 현명한 사람은 갑자기 큰 부를 얻으려는 계획 뒤에 숨어 있는 위험을 잘 안다네. 니네베의 부자들은 원금이 묶이거나 수익성이 없는 곳에 투자하지 않는다는 사실을 잊지 말게."

청년들은 칼라밥이 들려준 이야기가 무척이나 인상 깊은 듯 크게 고개를 끄덕였습니다.

"지금까지 나는 황금의 다섯 가지 법칙에 대해 모두 이야기했네. 이것은 나의 성공 비결이기도 하지. 들개처럼 매일 먹이를 걱정해야 하는 무리에서 벗어나고 싶다면 반드시 이 진리를 알고 따르면 돼. 내일 우리는 바빌론에 들어가네. 저기를 보게! 벨 신전 위에서 영원의 불꽃이 타오르고 있지 않나!"

칼라밥은 사막을 환하게 밝히는 모닥불의 불꽃처럼 초롱초롱 빛나는 청년들의 눈빛을 보았습니다.

"우리는 황금빛 도시를 눈앞에 두고 있네. 내일 자네들은 지금까지 충실하게 일한 대가를 받게 될 거야. 이 돈을 어떻게 썼는지 10년 후에 말해 주겠나? 노마시르처럼 돈의 일부를 사용하여 재산을 모으고 아카드의 지혜로 현명하게 불린다면, 10년 후에는 부자가 되고 사람들에게 존경받게 되겠지. **현명한 행동은 우리의 삶을 즐겁고 풍요롭게 한다네. 하지만 어리석은 행동은 우리의 삶을 힘들고 고달프게 만들지. 우리를 따라다니는 고통의 맨 앞에는 우리가 해야 했던 일과 우리가 잡지 못한 기회에 대한 기억이 있다네.**"

청년들은 가슴이 벅차오르기 시작했고, 칼라밥은 마지막으로 이렇게 말했습니다.

"바빌론에는 그 가치를 헤아릴 수 없을 정도의 많은 보물이 가득 차 있다네. 이 세상 모든 땅의 보물과 마찬가지로 바빌론의 풍요로움은 정당한 목표를 갖고 열심히 일하는 사람들을 기다리고 있지. 강렬한 열정에서 마법의 힘이 나오는 법이야. 황금의 다섯 가지 법칙을 되새기면서 목표를 향해 가면 바빌론의 보물을 차지하게 될 것이라고 장담하네!"

더 생각하기

돈보다 지혜가 먼저다

우리는 사랑에 매번 실패하는 사람을 보면 이렇게 말하곤 합니다. "사랑을 책으로 배웠어?" 왜 이런 말을 하는 것일까요? 지식은 경험에서 얻은 결과에 미치지 못하기 때문입니다.

정보의 홍수 속에 사는 우리는 보고 듣는 것들이 정말 많습니다. 많이 배워서 학력이 높은 사람들이 차고 넘칩니다. 지식을 쌓은 사람들이 많아지면 세상이 좀 더 살기 좋을 것 같은데 그렇지도 않습니다. 여전히 정치, 경제, 문화 등 사회 전반에는 문제가 끊이지 않고 발생합니다. 지구 환경은 날로 심각해지고, 가난한 사람들은 더 가난해지며, 전쟁은 여전히 사람들의 생활 터전을 무너뜨리고 있습니다.

이런 현상이 왜 계속되는 것일까요? 지식인은 많지만 지혜로운 사람은 적기 때문입니다. 많이 배워도 그것을 내 삶에 적용할 수 없다면 그것은 죽은 지식이나 다름이 없습니다. 죽은 지식으로는 지혜로운 삶을 살수 없습니다.

돈은 있다가도 없고, 없다가도 생길 수 있습니다. 사람들은 그런 돈 때문에 울기도 하고 웃기도 하지요. 사람들의 기분을 사로잡는 돈. 그런 돈을 휘어잡을 수 있는 것이 '지혜'입니다. 여러분은 아카드의 아들 노마시르의 이야기를 들으면서 지혜로 어떻게 돈을 모았는지 보았습니다. 노마시르가 실패라는 경험을 하지 않았다면 그는 '황금의 다섯 가지 법칙'이 얼마나 중요한지 깨닫지 못했을 것입니다. 그러면 아카드의 시험을 통과하지도 못했을 것이고, 부자가 되지도 못했겠지요.

여러분, 경험을 쌓는 것을 두려워하지 마십시오. 직접 경험을 하든 책을 통해 간접 경험을 하든 경험을 통해 쌓은 지혜는 여러분이 위기에 처할 때마다 구원의 동아줄이 될 것입니다.

6장

대금업자

로단, 이 이야기의 교훈이 무엇인지 알겠나?
아주 간단하고 분명하네.

친구를 돕고 싶다고 해서
친구의 짐을 대신 짊어지지는 말라는 것일세.

돕고 싶은 열망 때문에
다른 이의 짐을 짊어지는 것은 어리석은 짓이네.
짐을 대신 짊어지려고 하지 말고,
현명하게 도움을 줄 방법을 생각해야 해.

책임감은 돈으로
살 수도 없고,
빌릴 수도 없다

"금화 50냥!"

바빌론의 창 제조공 로단은 지금까지 이토록 많은 돈을 손에 쥐어본 적이 없었습니다. 왕에게 큰돈을 받고 궁전을 나온 그의 발걸음은 몹시 가벼웠습니다. 시내로 향하는 걸음마다 허리춤에 찬 지갑에서 금화들이 찰랑거리며 즐거운 노래를 하는 것 같았지요.

"금화 50냥이라니!"

이 돈이 전부 로단의 것이었습니다. 그는 자신에게 찾아온 이 행운이 실감 나지 않았습니다.

"찰랑거리는 소리만 들어도 힘이 나는 것 같군. 금화의 힘은 정말 대단해! 이 돈을 어떻게 써야 하지?"

기름진 땅, 멋진 집, 소, 낙타, 말, 마차 등 그가 원하는 것은 무엇이든 살 수 있는 액수였지요.

"돈을 쓰지 않고 그대로 보관하는 것이 좋을까?"

그날 저녁 여동생 집으로 향하면서 로단은 이런저런 생각에 빠졌습니다.

며칠 후 저녁, 로단이 진귀한 보석과 옷감을 파는 대금업자 마톤의 상점에 들어섰습니다. 그는 정갈하게 진열된 화려한 물건들을 여기저기 훑어보다가 뒤쪽에 있는 거실로 들어갔습니다. 마톤은 양탄자 위에 앉아 하인이 차려준 식사를 여유롭게 즐기던 참이었지요. 로단은 마톤에게 인사를 했습니다.

"그간 평안하셨어요? 어르신께 긴히 청할 이야기가 있어서 왔습니다."

마톤의 갸름한 얼굴에 반가운 미소가 번졌습니다.

"무슨 경솔한 짓을 했기에 나를 찾아왔나? 노름하다 돈을 잃은 겐가? 지금껏 쭉 자네를 봐왔지만 내게 도움을 청한 적은 없지 않나?"

"예, 저는 돈을 빌리러 온 게 아닙니다. 어르신에게 조언을 듣기 위해 찾아온 겁니다."

"조언이라고? 허허. 이 친구 말하는 게 재밌군. 누가 대금업자에게 조언을 구하나? 내 귀가 의심스럽네."

"정말 조언을 구하러 온 것 맞습니다! 어르신."

"그런가? 참 영리한 녀석일세. 내게 돈을 빌리러 온 게 아니라 조언을 구하러 왔다니 말이야. 많은 사람이 실수를 저지르고 나서 내게 돈을 구하러 오지만 조언은 구하지 않지. 그런데 생각해 보면 말이야, 사람들이 금전 문제로 곤경에 처했을 때 대금업자보다 더 조언을 잘 해줄 사람이 어디 있겠나? 로단, 오늘 자네는 내 귀한 손님이나 마찬가지야. 함께 식사하면서 이야기해 보세."

마톤이 하인에게 말했어요.

"오늘 내게 조언을 구하러 온 이 귀한 친구에게, 앉을 양탄자를 깔아주게. 그리고 음식과 포도주를 가져오고 잔도 함께 드리게. 자, 로단! 이제 무엇 때문에 힘든지 말해 보게."

로단이 근심 어린 목소리로 대답했습니다.

"왕의 선물 때문입니다."

"왕의 선물? 왕께서 선물을 주셨는데 그게 자네를 힘들게 한다고? 도대체 어떤 선물이기에 그러는가?"

"왕실 근위대가 쓸 창을 새로 만들어드렸더니 왕께서 무척 기뻐하시며 제게 금화 50냥을 하사하셨지요. 그런데 지금 그 금화 때문에 저는 몹시 당혹스럽습니다. 금화를 받았다는 소문을 듣고 주변 사람들이 너도나도 찾아와 돈을 좀 나누어달라고 떼를 쓰는 바람에 제가 몹시 난처하고 힘이 듭니다."

"주변에서 그러는 건 당연하네. 금을 가진 사람보다 원하는 사람이 더 많으니까. 그리고 사람들은 돈이 많으면 쉽게 나눠줄 수 있을 거라고 기대하지. 그런데 안 된다고 거절하면 되지 않나? 창을 만드는 재주는 뛰어나지만 거절은 잘 못하나 보군."

"아닙니다. 당연히 거절했습니다. 하지만 거절하기가 어려운 사람도 있어요. 제 누이동생이 부탁하는데 어떻게 안 된다고 하겠어요?"

로단의 목소리는 더욱 힘이 빠졌습니다.

"여동생이 자네가 상으로 받은 돈을 빼앗으려고 하지는 않으리라 생각하네만."

"네. 그렇습니다. 사실 여동생은 남편 때문에 제게 부탁한 겁니다. 동생은 남편이 상인으로 성공할 기회가 없었다고 생각해요. 그래서 돈을 빌려주면 성공해서 나중에 이자까지 갚겠다고 하며 매달립니다."

마톤이 다시 말했습니다.

"로단, 이야기를 들어보니 자네가 난처할 만하군. 하지만 **황금을 갖게 된 자에게는 책임이 따르고 주변 사람들과의 관계에서도 변화를 겪게 되지.** 또 잘못된 판단이나 한순간 사기를 당해 황금을 잃을까 봐 두려워하지. 황금이 선을 행할 수 있는 힘과 능력을 가져다주는 것은 맞네만 그 선행 때문에 곤경에 빠지게 될 수도 있네. 혹시 동물의 말을 알아듣는 농부에 대한 이야기를 들어본 적 있나?"

"아니요, 없습니다."

"그래, 청동 다루는 일을 하니 들어보지 못했을 거야. 돈을 빌리고 빌려주는 것은 단순히 한 사람의 손에서 다른 사람에게로 돈이 넘어가는 것 이상의 의미가 있어. 바로 그런 교훈이 담긴 이야기지. 들어보겠나?"

로단은 고개를 끄덕였습니다.

다른 사람의 짐을 대신 짊어지지 마라

니네베에 동물들의 말을 알아듣는 한 농부가 살고 있었다네. 농부는 매일 저녁 농장에 남아 동물들이 하는 말을 들었어. 어느 날 저녁, 소가 나귀에게 한탄을 했지.

"나는 아침부터 밤까지 쟁기를 끌며 너무 힘들게 일하고 있어. 아무리 더워도, 아무리 다리가 아파도, 아무리 멍에가 목을 조여 와도 일을 해야 해. 그런데 너는 참 한가해 보이는구나. 멋진 담요를 덮고 주인을 태우고 다니는 것 외에는 하는 일이 딱히 없잖아? 게다가 주인이 아무 데도 가지 않는 날에는 하루 종일 쉬면서 풀만 뜯어 먹고 말이야."

나귀는 기분이 좋지 않았지만 소가 안타까운 마음도 들어 한 가지 제안을 했다네.

"너의 노고를 덜어줄 묘책을 알려줄게. 아마 하루 정도는 충분히 쉴 수 있을 거야. 내일 아침에 노예가 너를 데리러 오면 땅에 누워 끙끙거리면서 아픈 척을 해봐. 그러면 노예는 자네가 아프다고 생각하고 밭으로 데리고 나가지 않을 거야."

다음 날, 소는 나귀의 조언대로 했다네. 노예는 농부에게 가서 소가 아파 쟁기를 끌 수 없을 것 같다고 말했지. 그러자 농부는 하루라도 쟁기질을 멈출 수는 없으니 나귀한테 쟁기를 묶고 밭을 갈게 하라고 시켰네. 친구를 도와주려던 나귀는 그날 하루 종일 소를 대신해 쟁기질을 해야만 했지. 밤이 되어서야 쟁기질에서 해방된 나귀는 너무 힘들고 다리도 아팠어. 멍에 때문에 목도 몹시 쓰라렸지.

농부는 이날도 헛간에서 소와 나귀가 이야기하는 것을 엿들었다네. 소가 먼저 입을 열었지.

"정말 고맙네. 자네 덕분에 하루를 편히 쉴 수 있었어."

그러자 나귀가 퉁명스럽게 얘기했다네.

"나는 너를 도우려고 얘기한 건데, 결국 네가 하는 일을 대신하느라 고생만 실컷 했어. 이제 쟁기는 네가 끌어. 농부가 노예에게 하는 말을 들었는데, 소가 또 아프면 도살장으로 보내라고 하더군."

그 후로 소와 나귀는 더 이상 대화를 하지 않았고, 둘의 우정은 그렇게 끝나고 말았다네.

"로단, 이 이야기의 교훈이 무엇인지 알겠나?"

"좋은 이야기인 것 같은데, 교훈이 뭔지는 모르겠습니다."

"아주 간단하고 분명하네. **친구를 돕고 싶다고 해서 친구의 짐을 대신 짊어지지는 말라**는 것일세."

로단은 그제야 머리를 긁적이며 고개를 끄덕였습니다.

"정말 현명한 교훈이네요. 저도 제 동생 남편의 짐을 떠맡고 싶지는 않습니다. 그런데 한 가지 여쭤볼게요. 어르신에게 돈을 빌려간 사람들은 돈을 잘 갚나요?"

마톤은 살짝 미소를 지었습니다.

"돈을 빌린 사람이 갚지 않았다면 내가 어떻게 대금업으로 부자가 될 수 있었겠나? 돈을 빌려주는 사람은 돈을 빌린 사람이 어디에 쓸지, 얼마나 수익을 올릴 수 있는지, 혹시 영영 갚을 수 없는 빚을 남기는 건 아닌지를 잘 판단해야 하네. 그렇기 때문에 담보를 맡는 거야. 내가 갖고 있는 담보물들을 한번 볼 텐가? 거기에 얽힌 이야기도 들려주겠네."

마톤은 방으로 가서 붉은 돼지가죽으로 덮인 상자를 들고 나왔습니다. 그런 뒤 상자를 바닥에 내려놓고 양손을 뚜껑에 얹었습니다.

"나는 돈을 빌려줄 때마다 담보물을 받아 이 상자에 넣고, 빌려준 돈을 갚으면 그때 돌려준다네. 찾아가지 않는 담보물을 볼 때마다 신뢰를 저버린 사람들이 떠오르지. 가장 안전하게 돈을 빌려주는 방법이 있다네. 그것은 빌려간 돈보다 더 가치 있는 물건을 담보물로 받는 거야. 담보로 보석을 맡기는 사람도 있어. 정해진 날짜에 돈을 갚지 못하면 땅이나 집을 넘기겠다고 약속하는 사람도 있네. 나는 상대방의 재산을 고려해서 돈을 빌려주기 때문에 원금과 이자를 함께 받을 수 있다는 확신이 있어."

로단은 마톤의 이야기를 경청했습니다.

"물론 특별한 담보물이 없어도 '돈을 버는 능력'을 보고 돈을 빌려주는 경우도 있다네. 자네처럼 꾸준히 일하며 정해진 보수를 받는 사람들이지. 그들은 정직하고 일정한 소득이 있기 때문에 특별한 사고만 없다면 빌려준 원금은 물론 이자까지 갚을 수 있지. 물론, 재산도 없고 돈도 벌지 못하는 이들이 돈을 빌리러 올 때도 있네. 삶이 고달프고 세상에 적응하지 못하는 사람들은 늘 있기 마련이니까. 그런 경우에는 보증인이 있어야 해. 나는 동화 한 냥이라도 보증인이 없으면 빌려주지 않아."

담보 상자 안에 담긴 교훈

마톤은 상자의 자물쇠를 풀고 뚜껑을 열었습니다. 로단이 몸을 숙여 상자 안을 들여다보았지요. 마톤은 소뼈로 조각한 반지를 꺼냈습니다.

"이건 한 농부가 주고 간 반지라네. 나는 농부의 아내가 만든 양탄자를 사곤 했어. 한번은 그 마을에 메뚜기 떼가 몰려와서 농작물을 휩쓰는 바람에 농사를 망치고 말았지. 그때 나는 농부 부부를 도와주었고, 이듬해 그들은 새로 작물을 재배해 빚을 갚았네. 얼마 후에 그들은 내게 찾아와 아는 사람에게 들었다며 먼 나라에 있는 특별한 염소에 대한 이야기를 해주었어."

"염소요?"

"그래. 그 염소는 털이 길고 부드러워서 바빌론에서는 찾아보기 힘든 아름다운 양탄자를 만들 수 있다는 거야. 그 염소를 사고 싶었지만 돈이 없었던 농부가 나를 찾아온 거지. 나는 이 반지를 담보로 받고 그에게 돈을 빌려주었다네. 그는 그 나라에 가서 염소를 데려왔고, 내년에는 바빌론의 귀족들에게 아름다운 양탄자를 만들어 팔 수 있을 거야. 그러면 나는 그에게 이 반지

를 돌려줄 수 있을 거고. 그 농부는 내게 기한보다 더 빨리 돈을 갚을 수 있을 거라고 했지."

"돈을 빨리 갚는 사람도 있나요?"

"확실한 목적을 가지고 돈을 빌리는 사람들은 빨리 갚는 경향이 있지. 하지만 계획 없이 무작정 돈부터 빌리는 사람들은 그렇지가 않아."

로단이 이번에는 진귀한 보석이 박힌 묵직한 금팔찌를 가리키며 물었습니다.

"이 팔찌에 얽힌 사연도 있나요?"

"이 팔찌의 주인은 아들을 끔찍이 생각하는 노파야. 아주 시끄럽게 이야기를 하는 통에 귀가 따가웠지. 그 노파의 집은 한때 돈이 많았지만 불행이 몰아닥쳐 파산에 이르렀어. 그래서 나를 찾아왔다네. 아들이 낙타를 타고 도시를 돌아다니며 장사하는 큰 상인과 동업을 하고 싶어 한다며 돈을 빌려갔어."

"그래서 어떻게 됐나요?"

"알고 보니 그 대상의 우두머리는 사기꾼이었어. 그 젊은이가 잠든 사이에 줄행랑을 쳐버렸다고 하더군. 돈도 없고 아는 사람도 없는 불쌍한 그 청년은 이역만리에 혼자 남겨졌지. 노파는 아들이 다시 성공하면 돈을 갚겠다고 했어. 그때까지는 이자도 못 받고 기다릴 수밖에 없지. 하지만 이 팔찌의 값이 빌려준 돈의 가치만큼은 충분히 되니 크게 걱정할 필요는 없다네."

"그런데 그 노파는 돈을 빌릴 때 어르신께 조언을 구하지 않았나요?"

"아니, 전혀 그러지 않았어. 그녀는 자기 아들이 바빌론에서 가장 돈이 많은 사람이 될 거라고 단단히 착각하고 있었지. 일을 시작한 지 얼마 안 되는 청년이 위험에 빠질 수도 있으니 조심해야 할 거라고 경고했지만 전혀 귀 기울여 듣지 않더군. 나는 그녀가 확실한 담보를 주며 돈을 빌려달라고 했기 때문에 거절할 이유가 없었고 말이야."

마톤은 팔찌를 내려놓고, 그 옆에 놓인 매듭이 묶인 밧줄을 들어 보였습니다.

"이건 네바투르라는 낙타 상인의 물건이네. 낙타 몇 마리를 더 사야 하는데 돈이 부족하다며 이 밧줄을 내게 갖고 왔지. 그는 믿을 만한 상인이었어. 나는 그의 판단력을 믿고 기꺼이 돈을 빌려주었지. 바빌론에는 이 낙타 상인 말고도 명예롭게 행동하는

"경험이 없는 젊은이는 빚이 깊은 수렁이 될 수도 있다는 사실을 잘 모르지.
그 깊은 수렁에 빠지면 슬픔과 회한에서 쉽게 헤어나지 못한다는 걸
직접 겪지 않고는 모르는 거야."

상인들이 많고, 나는 그들을 신뢰한다네. 그들의 담보물이 내 상자에 자주 들고 나는데, 그때마다 내게 이익을 가져다주지. **훌륭한 상인들은 바빌론의 자산이야. 내가 그들에게 도움이 되어 이 도시가 더 번영하면 좋은 일 아니겠나?**"

그다음, 마톤은 튀르키예의 옥으로 만든 딱정벌레 조각을 바닥에 내려놓으며 말했습니다.

"이건 이집트에서 온 물건이네. 이 조각품의 주인은 내게 돈을 갚을 생각이 없었어. 돈을 갚으라고 재촉하면 '불운한 운명이 나를 쫓아오는데 어떻게 갚을 수 있겠습니까? 돈도 많은 분이 너무하시네요'라고 말하더군. 사실 이것도 그의 아버지 물건이라네. 그 아버지는 큰 부자는 아니었지만, 아들의 사업을 돕기 위해 땅과 가축을 담보로 계속 맡겼다네."

"그런데도 다 실패하고 돈을 잃은 건가요?"

"처음에는 그 청년도 열심히 일해서 성공을 거두긴 했지. 하지만 지나치게 욕심을 부렸어. 아는 것도 많지 않고 경험도 적은 사람이 사업을 너무 크게 벌인 거야. 그러다 결국 크게 망하고 말았어. 야망이 넘치는 젊은 친구들이 종종 있다네. 야망이 있는 건 좋은데 자신의 욕망을 채우고 부자가 되기 위해 지름길을 택하려고 한다는 게 문제지. 그래서 계획도 없이 성급하게 돈을 빌리려고 하고 말이야. 경험이 없는 젊은이는 빚이 깊은 수렁이 될 수도 있다는 사실을 잘 모르지. 그 깊은 수렁에 빠지면 슬픔과 회한에서 쉽게 헤어나지 못한다는 걸 직접 겪지 않고는 모르는 거야."

로단은 시종일관 진지한 표정으로 마톤의 이야기를 듣고 있었습니다. 마톤이 계속 말했지요.

"절망에 빠져 아무것도 못하고 낙담하고 있는 그 젊은이가 참 안타깝지. 돈을 갚으려는 노력도 하지 않고 있으니 답답한 심정이야. **나는 돈을 빌리는 것은 말리지 않네. 오히려 권하는 편이야. 하지만 돈을 빌릴 때는 분명한 목적이 있어야 해.** 나도 처음에는 빌린 돈으로 시작해서 성공을 거두었으니까."

"어르신, 제게 도움이 되는 이야기를 이렇게 들려주시니 감사합니다. 그런데 저는 아직 제 고민의 답을 찾지 못했습니다. 제가 금화를 누이동생 남편에게 빌려줘도 괜찮을까요? 저에게는 아주 중요한 문제입니다."

로단의 물음에 마톤은 고개를 끄덕이며 말했습니다.

"내가 생각할 때 자네 누이는 남편을 위할 줄 아는 훌륭한 아내인 것 같네. 그런데 나라면 누이를 보고 무턱대고 빌려주기보다는 그 남편에게 물어보겠네. 빌려준 금화를 어떤 용도로 사용할 것인지를 말이야. 그가 만일 '상인이 되어 값나가는 보석과 가구를 팔겠다'고 대답한다면, 또다시 질문을 던지는 거야. 그 분야에 대해 얼마나 많이 알고 있는지, 어디에서 저렴하게 물건을 구입할 수 있는지, 또 어디에 가면 제값에 잘 팔 수 있는지 말해보라고 할 거야. 어떤가? 자네는 동생의 남편이 이런 질문에 제대로 대답할 수 있을 거라고 생각하나?"

로단은 한숨을 쉬며 고개를 가로저었습니다.

"아니요, 동생 남편이 그런 것들에 대해 잘 알고 있을 것 같지가 않아요. 그 친구는 창을 만들 때 가끔씩 저를 좀 도와준 게 전부입니다."

"그렇다면 그에게 분명한 목적과 계획이 있다고 할 수 없잖은가? 상인이 되기 위해서는 장사하는 법을 알고 있어야 하네. 그에게 야망은 있을지 모르지만, 아무 계획도 방법도 없는 거라면 그 야망은 전혀 현실적이지가 않은 거야. 나라면 그에게 돈을 빌려주지 않겠네."

마톤의 말에 로단의 표정은 더 어두워졌습니다. 마톤은 덧붙여 말했습니다.

"아직 확실하지 않으니 한번 물어보게. 여동생 남편이 상인들의 일을 도우며 많은 경험을 쌓았다고 할 수도 있지 않겠나? **스미르나**로 가는 길을 잘 알고 있고, **아이올리스**에서 부녀자들이 짠 양탄자를 싸게 구입하는 방법도 알고 있을지 모르지. 바빌론의 부자들을 많이 알아서 그들에게 큰 이익을 남기고 팔 수 있을 거라고 생각할 수도 있고 말이야. 만일 그렇다면 목적이 아주 구체적이고 야망 또한 충분히 사줄 만하지."

로단이 고개를 끄덕였습니다.

"로단, 이것만 잘 기억하게. 돈은 대금업자가 파는 상품이야. 아무런 대책 없이 무작정 빌려주면 다시 돌려받기가 어렵네. 물론 운명의 무게에 짓눌려 힘들어하는 사람을 도우면 보람을 느낄 수 있을 거야. 새롭게 일을 시작하는 사람이 당당한 사회의 일원이 될 수 있도록 돕는 것 역시 가치가 있는 일이고 말이야. 하지만 앞에서 말한 농부의 나귀처럼 **돕고 싶은 열망 때문에 다른 이의 짐을 짊어지는 것은 어리석은 짓이네. 짐을 대신 짊어지려고 하지 말고, 현명하게 도움을 줄 방법을 생각해야 해.**"

"예, 잘 알겠습니다."

스미르나 Smyrna

고대 이오니아인들에 의해 건설된 스미르나는 고대 그리스의 식민도시였습니다. 내륙과 접근성이 좋은 항구의 이점을 갖춘 아이올리스 지역의 전략적 요충지였지요.

아이올리스 Aeolis

아시아의 서부 해안에 위치한 고대 지역으로 작은 섬들로 구성되어 있습니다.

나중에 후회하느니 지금 조심하는 게 낫다

"나는 자네가 금화 50냥을 잘 지키길 바라네. 내가 원하지 않는 한 아무도 그 돈을 가져갈 수 없는 거야. 더 많은 돈을 벌고 싶다면 꼼꼼하게 따져보고 여러 사람에게 나누어 빌려주게. 무작정 돈을 묶어두는 것도 좋지 않고, 너무 많은 위험에 노출하는 것도 좋지 않아."

마톤은 분위기를 바꾸어 다른 질문을 던졌습니다.

"근데, 창을 만드는 일을 한 지는 얼마나 되었나?"

"3년 됐습니다."

"그러면 이번에 받은 금화 50냥을 제외하고, 그동안 얼마를 저축했나?"

"금화 세 냥입니다."

"돈을 아껴 쓰며 매년 한 냥씩 저축했군."

"예, 말씀하신 대로입니다."

"금화 50냥이면 자네가 50년 동안 모아야 하는 액수로군."

"그렇지요. 거의 평생 일해야 하는 거네요."

"그래, 평생 일해야 모을 수 있는 그 금화 50냥이라는 돈을 위태롭게 하지 말게나."

"당연한 말씀이십니다."

"나라면 여동생에게 가서 이렇게 말하겠네. '나는 3년 동안 단식일을 제외하고 매일 아침부터 밤까지 일했고, 먹고 싶은 것도 먹지 않고, 사고 싶은 것도 사지 않으며 매년 금화 한 냥씩을 모았어. 너는 내가 사랑하는 누이동생이니 나도 네 남편이 사업에서 크게 성공하기를 바란다. 그러니 나에게 구체적이고 현명한 계획을 알려줘라. 그걸 마톤도 인정한다면 내가 평생 모은 돈을 기꺼이 빌려줄 수 있다'라고 말이야. 만일 여동생 남편이 성공할 수 있는 자질을 갖고 있는 사람이라면, 그걸 증명하려고 할 테지. 그리고 실패한다고 해도 갚을 수 없을 정도의 많은 빚을 지지는 않으려 할 거야."

로단은 무언가 결심한 표정으로 고개를 끄덕였습니다.

"로단, 이 담보 상자에 얽힌 이야기가 뭘 말해 준다고 생각하나? 그건 바로 **인간의 나약함이야. 돈을 갚을 확실한 수단이 없는데도 빌리려는 인간의 열망이 얼마나 나약한가?** 사람들은 종잣돈만 있으면 큰돈을 벌 수 있다는 꿈을 갖는다네. 하지만 성취할 능력과 책임감, 경험이 없는 사람에게는 헛된 꿈에 불과해. 자네는 이제 어느 정도의 밑천을 갖고 있으니 더 많은 돈을 벌기 위해 노력하게. 어쩌면 나와 같은 대금업자가 될 수도 있을 거야. 자네의 재산을 안전하게 잘 지킨다면 그것이 자네에게 많은 수입을 가져다줄 것이고, 인생을 풍요롭고 즐겁게 해주는 수익의 원천이 될 걸세."

마톤은 이렇게 말한 후 로단에게 다시 물었습니다.

"자네는 지갑에 있는 돈으로 무엇이 가장 하고 싶은가?"

"저는 이 돈이 안전하기만을 바랄 뿐입니다."

"현명한 생각이네. 그렇다면 어리석은 감정에 흔들려 소중한 재산을 함부로 빌려주지는 않겠군. 가족이나 친구를 돕고 싶다면 다른 방법을 찾는 게 좋아. 돈을 지혜롭게 다룰 줄 모르는 사람은 한순간에 날려버릴 수 있으니 말이야. 그럼, 돈을 안전하게 지키고 난 다음에는 뭘 할 작정인가?"

로단은 희망에 차서 대답했습니다.

"더 많은 돈을 벌어야죠."

"그렇지, 맞는 말이네. 지금 가지고 있는 돈으로 더 많은 돈을 벌어야지. 현명하게 빌려준 돈은 자네가 늙기 전에 두 배로 늘어날 수 있어. 하지만 잃어버릴 위험이 있다는 것은 앞으로 벌어들일 돈도 날릴 수 있다는 의미지. 터무니없이 많은 수입을 올릴 수 있다는 사기꾼의 현실적이지 못한 계획에 휘말리지 말게. 안전하고 신뢰할 수 있는 거래 원칙을 모르는 몽상가들이 만들어 낸 계략에 불과하니까. 자기 재산을 지키고 즐기기 위해서는 보

수적으로 투자해야 하네. 일확천금을 약속하는 사람은 분명 자네에게 손실을 가져다주고 말 거야. **성공을 거둔 사람들과 거래하게. 그들은 오랜 지혜와 풍부한 경험을 통해 자네의 돈을 안전하게 지켜주고 꾸준히 수익을 가져다줄 거야.** 그렇게 하면 불행을 피할 수 있네."

로단은 현명한 조언을 해준 마톤에게 몇 번이나 감사의 인사를 전했습니다. 마톤은 손을 내저으며 웃었습니다.

"왕의 선물이 자네에게 더 많은 지혜를 가르쳐줄 걸세. 금화

50냥을 지키려면 정말 신중하게 처신해야 하네. 주변에서 많은 유혹이 있을 거야. 여기저기서 엄청난 수익을 올릴 기회가 있다고 말하며 접근하겠지. 그럴 때는 주머니에서 금화를 꺼내기 전에 내가 들려준 담보 상자에 얽힌 이야기를 떠올리게."

"잘 알겠습니다, 어르신."

"로단, 마지막으로 가기 전에 내 담보 상자 뚜껑에 새겨진 글귀를 읽어보게."

"나중에 크게 후회하느니 지금 조심하는 게 낫다."

"그렇다네. 돈을 빌려주는 사람이나 빌리는 사람 모두에게 적용되는 말이니 꼭 명심하게. 내 조언이 더 필요하면 언제든지 다시 찾아오게. 기꺼이 도와주겠네."

더 생각하기

돈에 대한 책임감

글로벌 기업 알리바바를 세운 마윈 회장은 이렇게 말했습니다. "돈은 행복이 아닙니다. 그것은 책임감입니다. 여러분이 1억 달러를 갖게 된다면, 그것은 단순히 여러분 재산이 아니에요. 그 돈은 당신이 더 나은 곳에 돈을 쓸 것이라고 믿는 사회가 여러분에게 준 신뢰입니다."

그의 말처럼, 사회적 의무를 다하고 존경받을 때 진정한 부자라고 할 수 있습니다. 이런 태도를 '노블레스 오블리주'라고 하지요.

진정한 부자는 돈에 대해 '책임감'을 갖고 있습니다. 자신이 이룬 부로 세상을 이롭게 하려고 노력하지요. 선한 영향력을 행사하고 어려운 사람들을 도울 수 있을 만큼 돈을 벌기 위해 지금부터 우리는 무엇을 할 수 있을까요?

여러 가지 방법이 있겠지만, 가장 중요한 것은 무엇보다도 '시간을 잘 쓰는 습관'을 들이는 것입니다. 시간을 어떻게 보내야 하는지 모르면 중요하지 않은 일을 하다가 부자가 될 수 있는 기회를 놓칠지도 모릅니다.

『어린 왕자』를 쓴 프랑스 작가이자 비행사 생텍쥐페리(Saint Exupery)는 "계획을 세우지 않은 목표는 한낱 꿈에 불과하다"고 했습니다. 미국의 사업가인 데이비드 바흐(David Bach)는 "부란 노력 없이 얻어지는 것이 아니며, 그것은 계획과 인내의 결과다"라고 했고요. 시간을 잘 관리한 사람이 부의 길로 나아갈 수 있고, 자신에게 주어진 책임을 다할 때 진정한 부자라고 불릴 수 있는 것입니다. 여러분은 부자가 된다면 어떤 삶을 살겠습니까?

7장

낙타 상인

너의 나약함이 너를 이렇게 만들었는데
어떻게 스스로 자유인이라고 부를 수 있느냐?

사람이 자기 안에 노예의 영혼을 가지고 있다면,
아무리 많은 것을 가지고 태어나도
불행의 구덩이로 스스로를 밀어 넣고 말지.

반면에 한 사람이 자유인의 영혼을 가지고 있다면,
아무리 불운하더라도 자신의 세계에서
명예와 존경을 받는 사람으로 사는 거야.

'노예의 영혼'에서
'자유인의 영혼'으로

"배가 고플수록 정신이 또렷해지고 음식 냄새에 더욱 민감해진다."

타르카드는 이 말이 정말 맞는 말이라고 생각했습니다. 이틀 내내 먹은 거라고는 정원 담장 너머에 있는 작은 무화과 두 개를 훔쳐 먹은 게 전부였으니까요. 화가 난 주인이 길거리까지 쫓아왔기 때문에 허기를 달랜 것으로 만족해야만 했습니다. 시장 쪽으로 걸어가면서도 주인의 날카로운 소리가 아직도 귓전에서 맴돌았습니다. 덕분에 시장에 장 보러 나온 여인의 바구니 속 과일을 낚아채고 싶은 유혹을 떨칠 수 있었지요.

타르카드는 바빌론 시장에서 나는 음식 냄새가 그렇게 좋은지 미처 몰랐습니다. 그는 여관으로 가는 길목에 있는 한 식당 앞을 서성거리며 생각했습니다. '여기 있으면 아는 사람을 만날지도 몰라. 그 사람에게 돈을 빌리면 여관 주인도 더 이상 날카롭게 굴지는 않을 거야.'

타르카드는 돈이 없으면 푸대접을 받는다는 것을 너무나 잘 알고 있었습니다. 그러던 중 예기치 않게 가장 피하고 싶었던 사람과 마주쳤습니다. 키가 크고 비쩍 마른 낙타 상인 다바시르였습니다. 타르카드는 친구나 주변 사람들에게 조금씩 돈을 빌리고 갚지 않았는데 그가 돈을 빌렸던 사람들 중에 다바시르도 있었기 때문이죠. 그러나 타르카드를 본 다바시르의 얼굴은 환하게 밝아졌습니다.

"어이, 타르카드! 반갑네. 내가 한 달 전에 빌려준 동화 두 냥 언제 갚으려고 하나? 아, 참! 그전에 은화 한 냥도 빌려줬었지. 마침 오늘 돈 쓸 일이 있는데 잘 만났네."

타르카드는 얼굴이 발갛게 달아올라 말도 제대로 나오지 않았습니다. 그는 간신히 입을 열어 나지막이 대답했습니다.

"죄송합니다, 정말 죄송합니다. 지금은 한 푼도 없습니다."

순식간에 다바시르의 표정이 굳어졌습니다.

"동화 몇 냥과 은화 한 냥을 갚는 게 그렇게 어려운 일인가?"

"불운이 늘 저를 쫓아다닙니다. 도저히 갚을 수가 없어요."

"불운이라고? 자신의 나약함을 신의 탓으로 돌리는 건가? 그래, 자네 말이 맞네. 불운은 자네처럼 갚지도 못하면서 돈을 빌릴 생각만 하는 사람들을 쫓아다니는 법이지. 우선 어디 가서 뭐라도 좀 먹어야겠네. 함께 가세. 마침 배도 고프고, 자네에게 들려줄 말도 있네."

타르카드는 어떻게든 그 자리를 피하고 싶었지만, 다바시르는 한사코 그를 식당으로 데려갔습니다.

두 사람이 작은 양탄자 위에 앉자 식당 주인이 환하게 웃으며 다가왔습니다. 다바시르는 큰소리로 주문을 했습니다.

"주인장, 내가 지금 배가 많이 고프니 살찐 도마뱀과 통통하고 육즙이 많은 갈색 염소 다리를 주게. 빵과 각종 채소도 주고. 그리고 여기 있는 내 친구한테도 물 한 잔 가져다주게. 날이 더우니 시원한 물로 말이야."

타르카드는 가슴이 덜컹 내려앉았습니다.

'여기 앉아 염소 다리를 통째로 먹어 치우는 걸 보면서 물만 마셔야 한다니!'

하지만 타르카드는 아무런 불평도 할 수가 없었습니다.

다바시르는 잠시도 가만히 있지 않고, 미소를 지으며 식당에 온 지인들에게 알은 척을 했습니다. 친절하게 손을 흔들기까지 하더니 목청 높여 말했습니다.

"우르파에 갔다가 막 돌아온 여행자에게 들은 건데, 어떤 부자가 돌을 아주 얇게 잘라서 판을 만들고, 비를 막기 위해 그걸 집 창틀에 끼워 넣었다고 하더군. 그 얇은 돌은 노란색이어서 창을 통해 밖을 내다보면 실제와 색깔이 다르게 보인다고 하네. 타르카드, 자네는 어떻게 생각하나? 세상이 실제와 다른 색으로 보일 수 있다고 생각하나?"

타르카드는 다바시르 앞에 놓인 염소의 살찐 다리에 시선을 고정시킨 채 건성으로 대답했습니다.

"그럴 수도 있다고 봅니다."

다바시르는 고기를 맛있게 먹으며 말했습니다.

"나도 세상을 실제와 다른 색으로 보면서 산 적이 있었지. 내가 어떻게 세상을 다시 올바른 색으로 보게 되었는지에 말해 주고 싶은데, 들어보겠나?"

타르카드는 여전히 고기에만 눈길을 둔 채 성의 없이 고개를 끄덕였습니다. 오히려 근처에 있던 한 손님이 옆 사람에게 무어라고 속삭이고는 다바시르 쪽으로 다가왔습니다. 다른 손님들도 음식을 가져온 후 다바시르를 중심으로 반원 모양으로 모여 앉았습니다.

쩝쩝거리며 고기를 씹는 다바시르의 소리가 타르카드의 귀에는 너무나 거슬렸습니다. 고기의 살점을 뜯어낼 때마다 나는 소리는 마치 고기 뼈로 몸을 긁어대는 것만 같았지요. 그런 타르카드의 마음을 아는지 모르는지 다바시르는 먹어보라는 말 한마디를 하지 않았죠. 바닥으로 떨어진 딱딱한 빵 한 조각도 줄 마음이 없을 거라고 타르카드는 생각했습니다.

다바시르는 염소 다리를 한 입 베어 물고 잠시 멈칫하더니 말했습니다.

"내가 어떻게 낙타 상인이 되었는지 이야기해 주겠네. 내가 한때 시리아의 노예였다는 사실을 아는 사람 있나?"

청중 사이에서 놀라움의 탄성이 터졌습니다. 다바시르는 이해한다는 듯 웃음을 짓고는 다시 한번 염소 다리를 힘차게 뜯은 후, 이야기를 시작했습니다.

노예였던 남자의 고백

나는 젊었을 때 안장 제작공이었던 아버지한테 낙타 안장 만드는 법을 배웠네. 공방에서 일하면서 지금의 아내와 결혼도 했지. 하지만 특별한 기술이 없고 경험도 많지 않았기 때문에 돈을 많이 벌지 못했다네. 그저 간신히 먹고사는 정도였어. 그런데도 분수에 넘치는 물건들을 갖고 싶어 했다네.

나는 상점 주인에게 돈을 빌렸어. 그 주인과는 천천히 갚아도 될 정도로 신뢰가 있었지. 나는 그 주인 말고도 여기저기에서 돈을 빌렸어. 세상 물정을 전혀 몰랐던 셈이지. 수입보다 더 많은 돈을 쓰면서 방탕한 생활을 했으니 말일세. 분수에 맞지 않는 값비싼 옷을 사 입었고, 아내에게도 많은 사치품을 선물했지. 한동안은 돈을 제때 갚았고 큰 문제가 없었어.

하지만 시간이 지나면서 내가 버는 돈으로는 빚을 감당할 수 없게 되었네. 빚쟁이들에게 쫓기게 되자 내 삶은 말도 못 할 만큼 비참해졌다네. 친구들에게 돈을 빌려 간신히 버텼지만 상황은 점점 더 나빠졌지. 결국 아내마저 친정으로 가버렸고, 나도 바빌론을 떠나기로 결심했네. 좀 더 나은 기회를 찾아 상황을 만회할 생각이었지.

2년 동안 상인들을 따라다니며 열심히 일을 했지만 큰돈을 벌지는 못했네. 그러다가 사막을 다니면서 도둑질하는 강도들과 어울리게 되었지. 아버지를 생각한다면 너무나도 수치스러운 행동이었어. 나는 잘못된 눈으로 세상을 보았고, 얼마나 타락했는지 깨닫지 못했다네. 내가 있던 무리는 상인들의 금과 비단 등 귀중한 상품들을 빼앗았네. 훔친 물건들을 기니르로 가져가 흥청망청 써댔지. 그러나 훔치는 것도 운이 다했어. 상인들이 자신을 보호하기 위해 고용한 원주민으로부터 공격을 받았거든. 무리에서 두목과 부두목이 죽었고, 나머지는 전부 **다마스쿠스**로 끌려가 노예로 팔리는 운명이 되고 말았다네.

나는 시리아 사막의 한 족장에게 은

다마스쿠스 Damascus

시리아의 수도로 1979년 유네스코 세계문화유산으로 등재된 도시입니다. 4000년 전부터 메소포타미아의 수메르, 바빌론 등과 페니키아의 시돈, 티레 등 해안 도시를 잇는 대상들의 무역로 중간에 놓여 막대한 이익을 얻으며 번성했습니다. 대표적인 유적으로는 715년에 완공된 우마이야 모스크(대사원)로, 콘스탄티노플의 성 소피아 사원을 본떠서 만든 대표적인 비잔틴 건축양식입니다.

화 두 냥에 팔렸네. 다른 노예들처럼 머리를 빡빡 밀고 허리띠만 걸치고 있었지. 그런데 무모했던 나는 그런 상황조차도 모험이라고 생각했어. 주인이 네 명의 부인들에게 나를 내시로 만든 후 시중을 들게 해도 좋다는 말을 하기 전까지는 말일세. 그제야 내 처지가 얼마나 절망적인지 깨닫게 되었지. 사막의 남자들은 거칠고 무서운 사람들이라 탈출한다는 것은 엄두도 못 냈어. 나는 그저 그들이 시키는 대로 할 수밖에 없었다네.

주인의 첫째 부인인 시라가 무표정한 모습으로 나를 훑어봤다네. 그녀에게 동정을 바라기는 힘들다고 생각했지. 둘째 부인은 지렁이 보듯 날 경멸스럽게 쳐다보았고, 다른 두 명의 어린 부인들은 신기한 구경거리 취급하듯 킥킥거리며 웃어대더군.

그들의 결정을 기다리는 동안 온몸의 피가 마르는 듯한 고통을 느꼈다네. 결정을 기다리는 시간이 어찌나 길던지! 그리고 마침내 시라가 차가운 목소리로 말했네.

"내시는 지금도 많아요. 하지만 낙타를 제대로 관리할 사람이 부족해요. 오늘만 해도 저는 열병에 걸린 어머니를 뵈러 가야 하는데 낙타를 끌고 갈 믿을 만한 노예가 없네요. 저 노예에게 낙타를 잘 다루는지 물어봐 주세요."

그러자 주인이 나에게 낙타를 잘 아는지 물었네. 나는 목소리에 힘을 주고 대답했어.

"저는 낙타를 무릎 꿇게도 할 수 있고, 낙타에 짐도 잘 실을 수 있습니다. 그리고 낙타가 장거리 여행을 해도 지치지 않고 잘 다닐 수 있게 다룰 수 있습니다. 필요하다면 낙타와 관련된 장비도 고칠 수 있고요."

주인은 나를 유심히 살펴보다가 말했어.

"쓸 만해 보이는군. 시라, 원한다면 이놈을 데려가 낙타를 돌보게 해."

나는 첫째 부인 시라에게 넘겨졌고, 그날 바로 낙타를 이끌고 시라의 병든 어머니를 뵈러 먼 여행을 떠나게 되었다네. 가는 길에 나는 시라에게 감사의 마음을 전하고, 그동안 살아온 이야기를 들려주었지. 태어날 때부터 노예가 아니라 당당한 자유인이었고, 바빌론의 명예로운 안장 제작자의 아들이라고 말일세. 하지만 그녀가 한 말이 나를 당황하게 했네. 나는 오랜 시간이 흐른 뒤에도 그 의미를 곱씹으며 되새겼지.

"너의 나약함이 너를 이 지경까지 만들었는데 어떻게 스스로 자유인이라고 부를 수 있느냐? 사람이 자기 안에 노예의 영

혼을 가지고 있다면, 아무리 많은 것을 가지고 태어나도 불행의 구덩이로 스스로를 밀어 넣고 말지. 반면에 한 사람이 자유인의 영혼을 가지고 있다면, 아무리 불운하더라도 자신의 도시에서 명예와 존경을 받는 사람으로 사는 거야."

그 후로 나는 1년 넘게 노예들과 함께 살았지만 영혼까지 노예가 될 수는 없었네.

'빚'이 바로 너의 적이다

그러던 어느 날 시라가 나에게 물었어.

"다른 노예들은 서로 어울려 즐기는데 너는 왜 늘 혼자 천막에 있느냐?"

"제가 이곳에 온 첫날, 마님께서 저한테 하신 말씀을 깊이 되새기곤 했습니다. 진정으로 제게 노예의 영혼이 있는지 생각해 보았습니다. 저는 결코 그렇게 살아갈 수 없다고 다짐했어요. 그래서 일부러 노예들과 떨어져 있는 겁니다."

내 말을 들은 시라는 힘겹게 속내를 털어놓았다네.

"사실은 나도 너와 크게 다르지 않다. 족장은 지참금 때문에 나와 결혼한 거야. 나를 사랑해서가 아니었지. 나에게는 아이도 없고 앞으로도 아이를 낳을 수 없으니 이 외로운 삶은 너와 별반 다르지가 않아. 게다가 우리 부족의 관습은 여자를 노예처럼 남자에게 속박시키지."

"마님께서는 제가 자유인의 영혼을 가졌다고 생각하나요, 아니면 노예의 영혼을 가졌다고 생각하나요?"

그녀는 바로 대답하지 않고 나에게 되묻더군.

"너는 바빌론에서 진 빚을 진정 갚을 생각이 있느냐?"

"예, 그리고 싶지만 방법이 보이지 않습니다."

"그저 세월을 흘려보내기만 할 뿐 빚을 갚으려고 노력하지 않는다면 노예의 영혼에 사로잡혀 살 수밖에 없는 거야. 남에게 진 빚을 정당하게 갚지 않는 자가 어찌 남에게 존경을 받을 수 있겠느냐?"

"하지만 시리아의 노예인 제가 무엇을 할 수 있겠습니까?"

"그런 나약한 마음이라면, 시리아의 노예로 계속 살거라."

"저는 절대 나약한 놈이 아닙니다."

"그럼 증명해 보아라."

"어떻게 말인가요?"

"너의 위대한 바빌론 왕은 온갖 수단을 동원해서 적들과 싸우지 않았느냐? **너에게는 빚이 바로 적이다. 그 빚이 너를 바빌론에서 쫓아버린 것 아니냐? 네가 적을 그냥 내버려 두었기 때문에 적이 강력해진 것이야.** 남자답게 맞서 싸웠더라면 빚을 정복하고 마을 사람들에게 존경받는 사람이 될 수 있지 않았겠나? 그러나 **너는 빚과 싸울 영혼이 없었고, 그 빚이 네 자존심을 짓밟고 너를 시리아의 노예로 만든 거야.**"

시라의 목소리는 차갑고도 단호했어. 나는 그녀의 신랄한 가르침에 아무 말도 할 수가 없었네. 그리고 사흘 후, 시라의 하녀가 나를 그녀 앞에 데리고 갔네. 시라가 말했어.

"어머니가 또 몹시 편찮으시다고 한다. 튼튼한 낙타 두 마리를 데려와라. 긴 여정이 될 테니 물을 담은 가죽 부대와 안장 주머니를 단단히 챙겨라. 하녀가 음식도 챙겨줄 것이다."

그런데 하녀가 준비한 식량이 이상하리만큼 많았어. 시라 어머니의 집은 낙타를 타고 하루 정도 가면 도착할 수 있는 거리였는데 말이야. 나는 시라가 탄 낙타를 끌고, 하녀는 그 뒤를 따랐다네. 시라의 어머니 집에 도착했을 때는 이미 날이 어두워졌지. 시라가 하녀를 물리고 조용히 내게 말했다네.

"다바시르, 다시 한번 묻겠네. 너는 자유인의 영혼을 가졌느냐, 아니면 노예의 영혼을 가졌느냐?"

나는 큰 소리로 대답했어.

"자유인의 영혼을 가졌습니다!"

그러자 시라가 결심한 듯 말하더군.

"그럼, 이제 네가 한 말을 증명할 때가 왔어. 네 주인은 술을 너무 많이 마셨고, 부하들도 인사불성 상태지. 그러니 이 낙타를 타고 도망가거라. 이 가방 안에 주인의 옷이 있으니 변장하고 가거라. 내 걱정은 하지 마라. 병든 어머니를 돌보는 동안 네가 낙타를 훔쳐서 도망쳤다고 말할 테니까."

나는 너무나 놀랐다네. 감격한 나머지 두 눈에서 뜨거운 눈물이 흘렀지.

"마님은 여왕의 영혼을 가지셨습니다. 부디 평안하시길 바랍니다."

시라가 쓸쓸하게 대답했다네.

"내게도 행복이 찾아올까? 행복은 먼 낯선 땅에 있는 여인에게까지 오지 않는 것 같구나. 너는 너의 길을 가라. 바빌론으로 가는 길은 멀고 먹을 것도 물도 부족할 테니 부지런히 가라. 사막의 신들이 너를 보호해 줄 것이다."

나는 감사의 인사를 남긴 후, 어둠을 뚫고 앞으로 나아갔네. 낯선 땅에 대해 잘 몰랐고 어느 방향으로 가야 바빌론이 나오는

지도 몰랐지만, 사막을 가로질러 언덕을 향해 갔지. 낙타 한 마리
는 타고 다른 한 마리는 끌고 말일세. 나는 주인의 재산을 훔쳐
도망친 노예의 운명이 어떨지 잘 알고 있었기 때문에 밤낮을 가
리지 않고 쉼 없이 나아갔네.

다음 날 오후 늦게 한 마을에 도착했지만 사막처럼 황폐했
다네. 모래밭과 돌길을 쉬지 않고 걸어서 낙타들의 발은 상처투
성이었지만, 그래도 멈출 수가 없었지. 며칠 동안 사람도 짐승도
마주치지 못했다네. 사람으로서는 도저히 이겨낼 수 없을 정도
로 험난한 여정이었지만 그래도 나와 낙타들은 매일 힘겹게 걸
음을 옮겼어. 태양의 열기는 무자비할 정도로 뜨거웠고 식량과
물도 다 떨어졌지.

9일째가 되니 낙타를 타고 갈 힘이 없을 정도로 너무 지쳤
다네. 결국 나는 낙타에서 중심을 잃고 떨어지고 말았지. 버려진
땅에서 길을 잃고 죽게 될 게 뻔했지만 도저히 일어날 힘이 없
었어.

땅바닥에 쓰러진 채 잠이 들었다가 다음 날 아침이 되어서
야 눈을 떴다네. 차가운 아침 공기에 정신을 차리고 주위를 둘러
보니 낙타들은 멀지 않은 곳에 힘없이 주저앉아 있었어. 주변에

는 바위와 모래투성이였고, 온통 가시덤불로 뒤덮인 광활한 황
무지만 보였지. 물도 구할 수 없었고 사람과 낙타가 먹을 만한
것이 전혀 보이지 않았다네.

'이 적막하고 고요한 곳에서 최후를 맞이하게 되는 건가?'

이런 생각이 들자 갑자기 정신이 바짝 들더군. 말라붙은 입
술에서는 피가 났고 갈라진 혀는 퉁퉁 부어올랐지만 나는 고통
을 삼키며 이를 악물었어. 배고픔도 전혀 문제가 되지 않았어. 그
저 바빌론이 있을 법한 쪽을 바라보면서 시라가 던졌던 질문을
자꾸 되새겼다네.

**"너는 노예의 영혼을 지녔는가, 아니면 자유인의 영혼을
지녔는가?"**

만일 내가 진짜 노예라면 전부 포기하고 사막을 헤매다가
최후를 맞게 되리라 생각했다네. 그러나 자유인의 영혼을 지녔
다면, 기필코 바빌론으로 돌아가 나를 믿어준 사람들에게 보답
해야 한다고 생각했어.

또다시 시라의 말이 떠올랐지.

"네 빚이 너를 바빌론에서 쫓아낸 적이다."

나는 생각했다네. '왜 나는 인간답게 살기를 거부했을까?

왜 아내를 친정으로 가게 했을까?' 그리고 그 순간, 이상한 일이 벌어졌다네. 갑자기 색깔이 입혀진 유리 조각을 통해 세상을 바라보는 것처럼 모든 세상이 다르게 보이기 시작했던 거야. 그제야 비로소 삶의 진정한 가치를 보게 된 거지.

'이대로 사막에서 죽을 수 없어! 절대 안 돼!'

머릿속에 새롭게 해야 할 일들이 떠올랐다네. 바빌론으로 돌아가서 빚을 진 사람들을 만나는 일이었지. 그동안 겪은 불행과 방황에 대해 말하고 신이 허락하는 한 최대한 빨리 빚을 갚겠다고 생각했어. 빚은 나의 원수였지만 돈을 빌려준 사람들은 나를 믿어준 친구들이었으니까. 그리고 아내를 되찾고 부모님이 자랑스러워하는 아들로 돌아가고 싶었어.

다리가 비틀거렸지만 나는 무릎에 힘을 주며 일어났지. 배고픈 것도 목마른 것도 문제가 되지 않았어. 그것들은 바빌론으로 가는 길에 겪는 사소한 어려움에 불과했으니까. 내 안에서는 적을 정복하고 친구들에게 보답하려는 자유인의 영혼이 솟구쳤다네. 그렇게 결심하니 온몸에 전율이 흐르더군.

낙타들의 큰 눈동자가 나의 강렬한 외침에 초롱초롱 빛이 났다네. 여러 번 시도 끝에 낙타들도 힘겹게 발을 내디뎠지. 나와 낙타들은 필사적으로 인내하면서 북쪽을 향해 나아갔고, 바빌론으로 갈 수 있으리라 확신했다네.

그렇게 한참을 걷다가 드디어 물을 발견했어. 그곳은 풀이 무성하고 나무에 열매가 열리는 비옥한 땅이었네. 그리고 마침내 바빌론으로 가는 길을 찾았지.

나는 정말로 커다란 깨달음을 얻었다네. **자유인의 영혼은 삶을 문제의 연속으로 보고 그 문제들을 어떻게 해서든지 해결해 나가지만, 노예의 영혼은 "노예인 내가 뭘 할 수 있겠어?"라고 불평불만만 늘어놓다가 포기한다는 것을 말이야.**

뜻이 있는 곳에 길이 있다

다바시르는 타르카드를 진지하게 쳐다보았습니다.

"자네는 어떤가? 배고픔이 오히려 머리를 맑게 해주지 않나? 자존감을 되찾을 준비가 되었는지 묻는 거네. 이제 세상을 진정한 색으로 볼 수 있겠나? 정직하게 빚을 갚고 다시 한번 바빌론의 당당한 시민이 될 생각이 있는가 말일세."

타르카드의 눈가에 눈물이 맺혔습니다. 그는 무릎을 꿇고 간절하게 말했습니다.

"어르신의 말씀을 들으니 앞으로 제가 어떻게 해야 할지 알겠습니다. 벌써 제 안에서 자유인의 영혼이 솟구쳐 오르는 것 같습니다."

이때 다바시르의 이야기를 듣던 다른 손님이 물었습니다.

"바빌론에 돌아온 뒤로는 어떻게 되었나요?"

다바시르가 대답했습니다.

"뜻이 있는 곳에 길이 있는 법이네. 결심이 섰기 때문에 나는 빚을 갚을 방법을 찾기 시작했어. 우선 신세를 진 사람들을 찾아가 돈을 갚을 수 있을 때까지 기다려달라고 간청했어. 내게 욕을

"뜻이 있는 곳에 길이 있는 법이네.
결심이 섰기 때문에 나는 빚을 갚을 방법을 찾기 시작했어."

한 사람도 있었지만, 대부분 기꺼이 그렇게 해주겠다고 했지. 그 중 실제로 나를 적극적으로 도와준 사람도 있었네, 바로 대부업자 마톤이지. 그는 내가 시리아에서 낙타 관리하는 일을 했다는 말을 듣고 낙타 상인 네바투르에게 나를 소개해 주었네. 마침 그때 왕이 원정길을 떠나는 데 필요한 낙타들을 대량으로 사들이라고 명했거든. 나는 낙타에 대한 지식을 활용해 네바투르를 도왔네. 그렇게 하면서 빚을 조금씩 갚아 나갔지. 얼마 후 모든 빚을 갚고 당당하게 고개를 들고 다닐 수 있었고, 사람들에게 존중받는다는 것을 느낄 수 있었네."

다바시르는 이야기를 끝내자 다시 음식으로 눈을 돌렸습니다. 그러고는 주방에 들리도록 큰 소리로 외쳤지요.

"주인장! 음식이 식지 않나? 이것 좀 데워주게. 갓 구운 고기도 좀 더 가져오고 말이야. 내 오랜 친구의 아들 타르카드도 함께 먹을 수 있도록 넉넉히 가져오게."

다바시르는 예전부터 현자들이 따랐던 위대한 진리를 깨닫고 나서 비로소 자신의 영혼을 찾을 수 있었습니다. 그 진리는 젊고 늙음에 관계없이 모든 사람을 성공으로 이끌었죠. 이 글을 읽는 사람은 누구나 마법의 힘을 깨우칠 수 있을 것입니다.

불안을 이기는 법

중요하게 생각하는 것을 하지 못할까 봐 불안해진 적이 있나요? 하고 싶은 일을 하지 못할까 봐, 어른이 되어서 돈을 많이 벌지 못할까 봐 걱정해 본 적은요? 미지의 상황에 대해 불안해하는 것은 매우 자연스러운 현상입니다. 하지만 불확실한 미래가 꼭 불안만 가져다주는 것은 아닙니다. 가능성에 도전하여 좋은 결과를 내고 싶은 의지도 갖게 되니까요.

정신과 의사이자 심리 철학자인 알프레드 아들러(Alfred Adler)는 "인간의 불완전함에서 비롯된 열등감은 더 완전함으로 나가게 하는 원동력이 된다"고 했습니다. 지나치게 불안이 높아지면 환경에 적응을 못하고, 육체적, 정신적 능력이 저하됩니다. 그러나 그보다 낮은 불안은 오히려 환경에 잘 적응할 수 있게 준비를 시키며, 응급상황에는 빠르게 대처할 수 있게 합니다. 또한 다음 단계로 도약할 수 있도록 동기부여를 해주기도 하죠. 이런 긍정적인 불안을 효율적으로 이용할 방법은 없을까요?

1단계, 생각을 바꿉니다. 해낼 수 있다는 생각은 계획을 더욱 철저하게 세우고 계획대로 행동하게 합니다.

2단계, 잘못된 습관을 바꿉니다. 같은 실수를 되풀이하지 않으려면 일을 망친 원인을 찾아야 합니다. 잘못된 습관을 바꾸지 않으면 발전된 모습을 기대할 수 없습니다.

3단계, 낭비하는 시간을 바꿉니다. 매년, 매달, 매주, 매일 계획표를 세워서 시간을 관리하나요? 시간이 물 흐르듯이 두지 마세요. 흐르는 시간에는 나의 미래를 담을 수 없습니다.

4단계, 일의 방법을 바꿉니다. 모든 일에는 나만의 스타일이 있기 마련입니다. 공부도 마찬가지죠. 본인의 스타일을 무시한 채 잘하는 친구의 공부 스타일을 무작정 따라 하는 것은 어리석은 짓입니다.

5단계, 인간관계를 바꿉니다. 부정적으로 말하는 사람은 옆에 두지 마세요. 부정적인 에너지는 일을 잘하려는 사람의 에너지를 방해합니다. 긍정의 말을 하는 사람 곁에서 긍정의 에너지를 받으세요. 그리고 진짜 경쟁자는 옆에 있는 친구가 아니라 '나 자신'이라는 것을 기억하세요. 불안한 것도 나 자신이고, 그 불안을 이기는 것도 나입니다. 그러니 옆의 친구와 자신을 비교하느라 에너지를 낭비하지 마세요.

위에서 말한 5단계는 사업가이자 머니 카운슬러인 다구치 도모타카의 저서 『돈에 대한 불안이 돈을 벌게 한다』에 나온 것입니다. 그는 돈에 대한 불안이 돈을 더 벌고 싶다는 욕망을 불러온다고 했어요. 위에서 말한 5단계는 비단 돈을 벌어서 성공하고 싶다는 마음에만 국한된 것은 아닙니다.

'안될 수도 있다'는 불안은 '잘해야 한다'는 마음을 불러옵니다. 그러니 여러분, 지금 여러분의 마음에 일고 있는 불안을 무시하지 말고, 어디서 오는 불안인지 잘 들여다보세요. 그리고 그 불안의 힘을 반드시 성공하고 싶다는 간절함으로 바꿔보세요.

바빌론의
점토판

5000년 전의 점토판이
우리에게 전해 준
놀라운 이야기

메소포타미아 힐라, 영국과학탐사대
프랭클린 콜드웰 교수님 귀하

콜드웰 교수님께.

바빌론 유적지에서 발굴하신 다섯 개의 점토판과 동봉하신

편지, 잘 받았습니다. 꼼꼼하게 포장해서 보내주신 덕분에 점

토판은 아무 문제 없이 잘 도착했습니다.

저는 그 점토판에 너무나 매료된 나머지, 거기에 새겨진 고대 언어를 번역하는 작업을 정말 시간 가는 줄 모르고 즐겁게 했습니다. 점토판에 적혀 있는 이야기를 보시면 교수님도 저 못지않게 놀라실 거라 생각합니다. 마치 『아라비안나이트』처럼 오래전 모험과 낭만에 대한 이야기를 읽는 것 같았습니다.

여기에는 다바시르라는 인물이 성실히 그 빚을 갚아가는 과정이 매우 상세하게 쓰여 있습니다. 읽어보시면 5000년 전 이야기임에도 불구하고 세상사가 지금과 크게 다르지 않다는 것을 느낄 수 있습니다. 그리고 이 고대의 점토판은 제 학생들보다 저에게 더 큰 경종을 울려주었습니다.

저는 대학 교수로서 여러 방면에서 생생한 지식을 갖추어야 한다고 생각하고 있습니다. 그런데 먼지로 뒤덮였던 바빌론의 폐허에서 나온 이 점토판이 제게 놀랍도록 생생한 지혜를 보여주었습니다. 지금껏 한 번도 생각해 보지 못했던 방식으로 '빚을 갚고 또 부를 얻는 길'을 제시해 주었으니까요.

이 방법이 옛 바빌론에서처럼 오늘날에도 효과가 있는지 증명하는 것은 흥미롭고 즐거운 여정일 것입니다. 실제로 저는 아내와 함께 이 점토판의 내용을 시험해 볼 계획입니다. 경제적 고민에 빠져 있던 우리 가족의 생활도 달라질 수 있으리라는 희망을 갖고서 말입니다.

교수님의 가치 있는 발굴 작업에 늘 행운이 깃들기를 기원하며, 제 역할이 필요한 일이 있다면 언제든 말씀해 주시기 바랍니다. 진심으로 감사드립니다.

1934년 10월 21일
영국 노팅엄대학교 고고학과
알프레드 H. 슈르즈베리 올림

252

첫 번째 점토판

....

이제 달이 차면, 얼마 전까지 시리아에서 노예 생활을 한 나 다바시르는 바빌론으로 돌아갈 것이다. 나는 사람들에게 진 빚을 모두 갚은 다음 고향 바빌론에서 존경받는 부자가 되기로 결심했다. 이 점토판에 나의 계획을 기록할 것이며, 이것은 나의 욕망을 실현하는 데 큰 도움이 될 것이다.

나의 좋은 친구인 대부업자 마톤의 현명한 조언에 따라 세운 이 계획에는 나의 바람이자 소망인 다음의 세 가지 목적이 담겨 있다.

첫째, 확실하게 미래를 준비할 것이다.

그러기 위해서는 내가 번 돈의 10분의 1을 저축해야 한다. 현명한 마톤은 이렇게 말했다. "금화와 은화를 저축하는 사람은 가족에게 충실하고 왕에게도 충성하는 사람이다. 푼돈밖에 저축하지 못하는 사람은 가족에게 무관심하고 왕에게도 충실한 사람이 아니다. 그러나 아무것도 저축하지 않는 사람은 가족을 돌보지 않고 왕에게 불충한 사람이다. 자신에게도 가혹한 사람이다. 그러므로 성공하고자 하는 사람은 저축함으로써 가족을 사랑하고 왕에게 충성심을 보일 수 있어야 한다."

둘째, 친정에서 돌아온 아내에게 정성을 다할 것이다.

마톤은 이렇게 말한다. "충실한 아내를 잘 돌보는 것은 남자의 자존심을 세워주며, 자신의 목표에 결단력과 힘을 더해 준다. 그래서 내가 번 돈의 10분의 7은 집안 살림을 꾸리고 입을 옷과 먹을 음식을 마련하는 데 사용하고, 남은 돈은 아내와 함께 삶을 즐기는 데 사용하면 좋을 것이다."

마톤은 우리가 가치 있는 목적을 위해 돈을 쓰더라도, 10분의 1을 저축하는 것을 중단해서는 안 된다고 강조한다. 이것으로 성공 여부가 결정되기 때문이다. 이 원칙은 반드시 지켜야 하며, 분수에 넘치는 지출을 해서는 안 된다.

두 번째 점토판

셋째, 내가 번 돈으로 빚을 갚을 것이다.

그러므로 달이 찰 때마다 내가 번 돈의 10분의 2를 떼어두고,

나를 믿고 돈을 빌려준 사람들에게 공평하게 갚아야 한다. 그렇게 계속하면 언젠가는 빚을 모두 갚게 될 것이다. 여기에 내가 빚진 사람의 이름과 금액을 정확하게 기록한다.

- 방직공, 파루: 은화 2냥, 동화 6냥

- 친구 잔카르: 은화 4냥, 동화 7냥

- 친구 아스카미르: 은화 1냥, 동화 3냥

- 보석 세공인, 하린시르: 은화 6냥, 동화 2냥

- 아버지 친구, 디아르베케르: 은화 4냥, 동화 1냥

- 집주인, 알카하드: 은화 14냥

- 금 대부업자, 마톤: 은화 9냥

- 농부, 비레지크: 은화 1냥, 동화 7냥

⋮

세 번째 점토판
．．．．．．．．．．．．．．．．．．．．．．

이들에게 나는 총 은화 119냥과 동화 41냥을 빚졌다. 이 많은 빚을 지고 갚을 길이 없어서 어리석게도 아내를 친정으로 떠나

보냈고, 다른 도시에서 쉽게 돈을 벌려다 노예로 팔려 갔다.

이제 나는 인생을 나락으로 빠트린 내 어리석음이 얼마나 큰지 깨달았다. 마톤은 내게 적은 수입으로도 빚을 갚는 방법을 알려주었고, 나는 곧장 빌려준 사람들을 찾아가서 진심으로 말했다. 매달 내 수입의 10분의 2를 떼어서 공평하게 갚겠다고 말이다. 인내심을 갖고 기다려주면 반드시 빚을 전부 갚을 거라고 약속했다.

가장 친한 친구라고 생각했던 아마르는 한참만에 돌아온 나를 보고 심한 욕설을 쏟아냈지만, 그를 탓할 수는 없었다. 농부인 비레지크는 자기 사정이 안 좋으니 가장 먼저 갚아달라고 간청했다. 집주인 알카하드도 그렇게는 오래 기다릴 수 없다고 말하며 하루빨리 돈을 갚지 않으면 쫓아낼 수도 있다고 으름장을 놓았다.

하지만 다른 사람들은 기꺼이 내 제안을 받아들였다. 나는 빚을 피하는 것보다 시간이 조금 걸리더라도 정당하게 갚는 것이 더 나은 길이라고 확신하며 그 어느 때보다 굳게 마음먹었다. 비록 그들의 요구를 모두 충족시키지는 못하겠지만 최대한 공정하게 빚을 갚아갈 것이다.

네 번째 점토판

....

다시 달이 찼다. 지난 한 달 동안은 정말 편안한 마음으로 일했다. 착한 아내는 채권자들에게 돈을 갚겠다는 내 뜻을 이해하고 응원해 주었다. 아내와 나는 현명하게 결단한 덕분에 건강한 낙타들을 미리 확보했다가 낙타 상인 네바투르에게서 은화 열아홉 냥을 받고 팔았다.

번 돈은 계획한 대로 나누었다. 10분의 1은 저축하기 위해 떼어두고, 10분의 7은 아내에게 주었다. 그리고 나머지 10분의 2로 공평하게 나누어 빚을 갚았다.

친구 아마르를 찾아갔지만 집에 없어서 그의 아내에게 돈을 맡겼다. 비레지크는 너무 기뻐하며 내 손에 입을 맞추었다. 집주인은 투덜거리며 더 빨리 갚으라고 말했다. 나는 생활이 안정되면 더 빨리 갚을 수 있다고 답했다. 다른 사람들은 놀라워하며 나의 노력을 칭찬해 주었다.

한 달 만에 빚 중에서 은화 네 냥이 줄었고, 은화 두 냥을 저축했다. 내 마음은 이전보다 한결 가벼워졌다.

다시 보름달이 떴다. 이번에도 한 달 동안 열심히 일했지만 수입이 신통치는 않았다. 낙타 거래가 뜸했기 때문이다. 은화 열한 냥밖에 벌지 못했다. 계획대로 빚을 갚기 위해 아내와 나는 새 옷을 사지 않았고 채소만 먹으면서 지냈다.

이번에도 나는 이 돈의 10분의 1을 저축했고, 10분의 7로 생활했다. 액수가 적었는데도 친구 아마르는 대단하다며 나를 칭찬해 주었다. 물론 비레지크도 마찬가지였다. 알카하드는 액수가 적다고 투덜거렸지만, 그래도 싫지 않다는 듯 돈을 받았다. 나머지 사람들은 이전처럼 만족해했다.

다시 달이 찼을 때 나는 너무나 기뻤다. 이번에는 좋은 낙타 여러 마리를 미리 확보했고 은화 마흔두 냥이나 벌었다. 이번 달에 아내와 나는 꼭 필요한 신발과 옷 몇 벌을 샀다. 염소와 칠면조 고기도 먹었다.

돈을 빌려준 사람들에게 은화 여덟 냥을 넘게 갚았다. 이번에는 집주인 알카하드도 불평하지 않았다. 이 대단한 계획 덕분에 우리는 빚을 갚아갈 수 있었고 약간의 재산도 생겼다.

점토판에 처음 글을 새긴 이후로 세 번 달이 찼다. 이때까지 번 돈의 10분의 1을 꾸준히 저축했다. 힘든 적도 있었지만 아내와 나는 수입의 10분의 7로 생활하는 것을 무조건 지켰다. 그리고 10분의 2로 꼬박꼬박 빚도 갚았다.

지금까지 은화 스물한 냥을 모았다. 이제 나는 고개를 당당히 들 수 있고, 어깨를 펴고 친구들을 만날 수 있다. 아내는 집안 살림을 잘하고 있으며, 우리는 행복하게 살고 있다. 이 계획은 말할 수 없을 정도로 큰 가치가 있다. 시리아에서 노예 생활을 했던 나를 명예로운 사람으로 만들어주었기 때문이다.

다섯 번째 점토판

다시 보름달이 떴다. 내가 점토판에 기록한 지 벌써 1년이 지났다. 오늘은 아주 뜻깊은 날이다. 빚을 모두 갚았기 때문이다. 이날을 기념하기 위해 확실하게 기록을 남기고 싶다. 그리고 아내와 나는 목표를 이룬 것에 대해 자축하는 의미에서 큰 잔치를 벌일 것이다.

오늘 돈을 빌려준 사람들을 마지막으로 찾아갔는데, 오랫동안 잊지 못할 일들이 많았다. 아마르는 지금까지 불쾌한 말을 한 것

에 대해 용서를 구했다. 자신이 가장 아끼는 친구가 나라는 말도
덧붙였다.

집주인 알카하드는 이렇게 말했다.

"한때 자네는 물렁물렁한 진흙 덩어리였지만, 지금은 칼날을
잡을 수 있을 정도로 단단한 청동이 되었네. 정말 대단해. 돈이
필요하면 언제든지 찾아오게."

이들뿐만 아니라 많은 사람이 나를 인정해 주었다. 내 착한 아
내도 존경의 눈길로 나를 바라봐준다.

나를 성공으로 이끈 것은 마톤이 일러준 원칙이다. 그 원칙 덕
분에 빚을 모두 청산하고 금화와 은화를 모을 수 있었다. 나는
실패를 딛고 일어서고자 하는 모든 이들에게 이 원칙을 지킬 것
을 강력히 추천한다. 한때 노예였던 사람이 빚을 모두 갚고도 돈
을 모을 수 있었고, 더 나아가 진정한 자유인이 될 수 있었다. 이
보다 확실한 방법이 어디 있겠는가?

나는 여기서 멈추지 않을 것이다. 이 원칙을 계속 실천하면 더
큰 부자가 될 것이라고 확신하기 때문이다.

메소포타미아 힐라, 영국과학탐사대
프랭클린 콜드웰 교수님 귀하

콜드웰 교수님, 안녕하세요.

바빌론의 유적을 발굴하시다가 다바시르라는 낙타 상인의

유령을 만나게 된다면 제 말을 꼭 전해 주시길 바랍니다. 당신이 점토판에 글을 새겨준 덕분에 영국에 있는 대학교수 부부가 평생 감사한 마음을 갖고 살고 있다고요.

몇 년 전 제 아내와 함께 다바시르의 조언을 시험해 보겠다고 한 것을 기억하실 겁니다. 주변 사람들에게는 말하지 않았지만, 교수님은 저의 절박한 처지를 짐작하셨을 겁니다. 사실 저는 오랫동안 빚 때문에 큰 어려움을 겪었습니다. 빚쟁이들이 학교에 찾아온 적도 있어서 가만히 있다가는 직장에서도 쫓겨날지 모른다는 두려움 때문에 걱정도 많았습니다. 우리 부부는 둘 다 돈을 벌면서도 품위를 유지한다는 핑계로 지출을 줄이지도 못하고 돈과 시간을 낭비했습니다.

빚은 자꾸 늘어만 갔습니다. 점점 더 절망적인 처지가 되었죠. 집주인에게 빚을 졌기 때문에 집세가 더 저렴한 곳으로 이사할 수도 없었습니다. 빚에서 벗어나기 위해 우리가 할 수 있는 일은 아무것도 없는 것 같았습니다.

그런데 그때 바빌론에서 온 낙타 상인의 점토판은 한 줄기

빚인 것 같았습니다. 다바시르는 유쾌하게 자신의 방법을 따르라고 권했습니다. 우리는 부채 목록을 빠짐없이 작성했고, 저는 그 목록을 들고 다니며 제가 빚을 진 사람에게 보여주었습니다. 그리고 지금과 같은 방식으로는 빚을 제대로 갚을 수 없다고 설명했습니다. 그들도 목록을 보고는 수긍하더군요. 저는 빌린 돈을 전부 갚을 수 있는 유일한 방법은 매달 수입의 20퍼센트를 따로 떼어 2년 조금 넘게 나누어 갚는 거라고 설득했습니다. 그 대신 그들에게 하는 모든 거래는 다 현금으로 할 거라고 얘기했습니다.

정말 좋은 사람들이었습니다. 나이가 많은 청과물 가게 주인은 이렇게 말했습니다. "교수님이 구입하는 물건값을 전부 현금으로 지불하고 빚진 돈을 조금씩 갚아가면 지금보다는 재정 상태가 나아지실 겁니다. 말씀하신 대로 하면 3년 안에 빚을 모두 갚으실 수 있을 것 같아요."

저는 수입의 20퍼센트를 정기적으로 지불할 것이며, 3년 동안 독촉하지 않고 기다려준다는 내용의 계약서에 모든 사람의 서명을 받았습니다. 그런 다음 우리 부부는 남은 70퍼센트로 어떻게 살아갈지 계획을 세웠습니다. '10퍼센트 저축하기'는 반드시 지키기로 약속했습니다. 돈을 모을 수 있다고 생각하니 정말 흥분되더군요.

변화를 시도하는 것은 마치 모험을 하는 것과 같았습니다. 수입의 70퍼센트로 살기 위해 우리는 지금보다 작은 집으로 이사하여 임대료를 크게 줄였습니다. 그다음으로 우리가 즐겨 마시는 비싼 차를 저렴한 제품으로 바꿨습니다. 그러는 과정에서 싼 값에 우수한 품질의 차를 구입하는 방법도 알게 되었습니다. 할 이야기가 너무 많아 편지에 전부 쓸 수는 없지만 빚을 모두 청산하는 것은 그다지 어렵지 않았습니다. 결국 우리는 즐겁게 생활하면서 돈을 관리할 수 있는 올바른 방법을 찾았습니다. 더 이상 빚 독촉에 시달리지 않는다는 것이 얼마나 행복한지 모릅니다.

무엇보다, 저축한 10퍼센트에 대해 다시 강조해서 말씀드리고 싶습니다. 그 작은 10퍼센트가 우리에게 큰 기쁨을 주고 있습니다. 푼돈이라고 여겼던 그 돈이 점점 쌓여가는 즐거움은 정말 큽니다. 우리는 빚을 갚는 한편으로 수익성 있는 투자처도 찾았습니다. 그곳에 매달 수입의 10퍼센트를 투자했고, 그 결과는 매우 만족스러웠습니다. 이것으로 '10퍼센트 저축하기'의 힘이 입증되었습니다. 이것이 저희가 가장 먼저 챙기는 항목입니다. 투자한 돈이 꾸준히 늘어나는 것을 보니 너무나 뿌듯했고 안정적이라고 느꼈습니다. 교직 생활이 끝날 즈음에는 우리 부부가 노후를 편안하게 보낼 수 있을 정도의 액수가 될 것 같습니다.

이 모든 것이 교수님이 보내주신 오래된 점토판에서 나왔습니다. 믿기 어려우시겠지만 분명한 사실입니다. 빚은 서서히 줄었고 투자 금액은 늘어났습니다. 게다가 우리의 생활은 훨씬 더 윤택해졌습니다. 계획을 세워 생활하는 것과 되는 대로 사는 것 사이의 결과에 그렇게 큰 차이가 있을 줄 그전에는 정말 몰랐습니다. 내년 말이면 빚을 모두 갚게 될 겁니다.

이제 왜 제가 그 낙타 상인 다바시르에게 감사를 표하고 싶어 하는지 아셨을 겁니다. 저를 '지상의 지옥'에서 구해 준 그는 알고 있었습니다. 모든 것을 겪었으니까요. 쓰라린 경험을 통해 후세 사람들이 교훈을 얻기를 바랐습니다. 그래서 그는 공을 들여 점토판에 자신의 메시지를 새긴 것입니다. 그는 주변의 고통받는 사람들에게 전할 진정한 교훈을 가지고 있었습니다. 그리고 그 교훈은 5000년이 지난 지금 바빌론의 폐허 속에서 다시 살아났고, 그때와 마찬가지로 진실하고 생명력이 넘쳐납니다.

다시 한번 교수님께도 감사의 인사를 드리며, 이만 편지를 마치겠습니다. 안녕히 계십시오.

1936년 11월 7일
알프레드 H. 슈르즈베리 올림

플러스 스토리 ˙ 바빌론의 점토판

운이
가장 좋은 사람

어떤 사람들은 일을 너무 싫어한 나머지
일을 원수 대하듯 한다네.
하지만 일을 친구처럼 대하고
좋아하려고 노력해야 하네.

열심히 일하면 언젠가는 꼭
보상을 받을 거라는 점을 명심하게.

일은 결국 자네를
더 나은 사람으로 만들어줄 거야.

태도는 결국
운명도 바꾼다

바빌론의 상인이자 대상의 우두머리인 샤루 나다는 맨 앞에서 당당하게 행렬을 이끌고 있었습니다. 그는 값비싼 옷감으로 짠 화려한 옷을 입고 힘이 넘치는 아라비아산 종마 위에 앉아 있었어요.

다마스쿠스에서 시작한 여정은 길고 고난했습니다. 호전적인 아랍 부족들이 부유한 대상을 약탈하기 위해 혈안이 되어 있었지요. 하지만 그는 크게 신경 쓰지 않았습니다. 대상 호위대가 안전하게 보호해 줄 것이라고 믿었기 때문이지요.

샤루 나다 옆에는 다마스쿠스에서 데려온 청년이 있었습니다. 샤루 나다는 그 청년 때문에 고민이었습니다. 그의 이름은 하단 굴라로, 샤루 나다는 과거에 그의 할아버지 아라드 굴라에게 큰 은혜를 입었습니다. 그래서 하단 굴라에게라도 보답을 해주고 싶었지만, 그의 모습을 보니 쉽지 않을 것 같았지요. 샤루 나다는 번쩍이는 반지와 귀걸이로 치장한 그를 보며 생각했습니다.

'저 친구는 할아버지가 물려준 재산을 아버지가 전부 탕진했는데도 별로 느끼는 게 없는 것 같군. 대상 행렬에 데려오긴 했는데, 어떻게 하면 저 젊은 친구가 혼자 힘으로 일어서게 할 수 있을까?'

그때 하단 굴라가 생각에 빠진 그에게 불쑥 질문을 했습니다.

"어르신은 왜 이렇게 대상을 이끌고 고생하며 여기저기 다니시는 겁니까? 인생을 좀 즐기셔야 하지 않나요?"

"인생을 즐긴다고? 자네가 나라면 인생을 즐기기 위해 무엇을 할 건가?"

"만약 제가 어르신처럼 부자라면 왕처럼 살 것 같습니다. 이 뜨거운 사막을 횡단하는 일 같은 건 절대 하지 않고요. 가장 좋은 옷을 입고 진귀한 보석도 가질 겁니다. 그게 제가 원하는 인생이고, 충분히 그럴 만한 가치가 있다고 생각합니다."

"그렇게 인생을 보낸다면 일은 언제 하나?"

"일은 노예에게 시키면 되죠."

하단 굴라의 철없는 대답에 샤루 나다는 입술을 꾹 깨물었습니다. 그리고 오솔길에서 비탈길로 올라갈 때까지 아무 말도 하지 않았죠.

언덕 위에 올랐을 때 샤루 나다는 고삐를 당겨 말을 멈추고 멀리 보이는 푸른 계곡을 가리키며 이야기했습니다.

"저기 계곡을 보게. 아래를 내려다보면 바빌론 성벽이 희미하게 보일 거야. 그리고 저 탑은 벨 신전이네. 자네의 눈이 좋다면 신전 꼭대기에 있는 영원의 불꽃에서 나오는 연기도 볼 수 있을 거야."

"저곳이 세상에서 가장 부유한 도시 바빌론 맞나요? 늘 와보고 싶었습니다. 바빌론은 제 할아버지가 부를 이룬 곳이라고 들었습니다. 할아버지가 살아계셨다면 지금 우리 집안이 이렇게 힘들지는 않았을 거예요."

"자네와 자네 아버지도 그분을 대신해서 충분히 잘할 수 있지 않겠나?"

"아, 아버지와 저는 할아버지와 같은 재능이 없습니다. 우리는
재산을 축적하는 방법은 잘 모르거든요."

이번에도 샤루 나다는 더 이상의 이야기는 아꼈습니다. 그는
말의 고삐를 풀고 계곡으로 나 있는 길을 조심스럽게 따라 내려
갔습니다. 대상 행렬이 붉은 먼지구름을 일으키며 그를 뒤따랐
지요.

쇠사슬에 묶여 있던 남자의 정체

얼마 후 그들은 바빌론으로 이어지는 큰길에 도착했습니다.
그리고 관개 수로와 연결된 농장을 지나 남쪽으로 방향을 돌렸
습니다. 밭을 갈고 있는 세 명의 늙은 농부가 샤루 나다의 시선
을 사로잡았어요. 왠지 낯이 익었습니다.

'이게 어찌 된 일인가! 40년이 지났는데 똑같은 사람들이 쟁
기질을 하고 있다니!'

한 사람은 앞에서 힘겹게 쟁기를 끌고 있었고, 다른 두 사람은

옆에서 막대기로 소를 때리며 수레를 끌고 있었습니다. 그러나 40년 전의 샤루 나다는 이들을 많이 부러워했습니다. 그들처럼 되기를 간절히 바랐지요. 하지만 지금은 상황이 많이 달라졌습니다. 그가 뒤를 돌아보니 낙타와 나귀에 귀중한 물건을 가득 실은 자랑스러운 대상 행렬이 보였습니다. 하지만 이는 그가 가진 재산의 일부에 불과했지요. 그는 쟁기질하는 농부들을 가리키며 하단 굴라에게 말했습니다.

"40년 전과 똑같은 사람들이 똑같은 자리에서 똑같은 방식으로 밭을 갈고 있다네."

"비슷해 보일 수 있잖아요. 그때 그 농부들이 정말 맞나요?"

"확실해. 그 사람들이 맞아."

샤루 나다의 머릿속에서 옛 기억이 주마등처럼 스쳐 지나갔습니다. 하단 굴라의 얼굴에서 아라드 굴라의 웃는 얼굴이 겹쳐 보였습니다. 아라드 굴라와 이 철없는 젊은이 사이의 장벽이 조금은 무너진 듯도 했지요. 하지만 **돈의 소중함**을 모르고 보석으로 치장하는 것을 좋아하는 그에게 어떤 도움을 주어야 할지 막막했습니다. 일할 의지가 있는 사람에게는 얼마든지 일자리를 줄 수 있지만, 자신이 남들보다 고귀하다고 생각하는 사람에게는 일을 주기가 어려웠으니까요.

샤루 나다는 하단 굴라의 할아버지에게 입은 은혜를 갚기 위해 뭐라도 하고 싶었습니다. 그렇다고 적당히 할 생각은 없었지요. 그는 일을 대충하는 사람이 아니었어요. 그와 아라드 굴라는 인생을 그런 식으로 살아오지 않았습니다.

문득 샤루 나다에게 한 가지 생각이 떠올랐습니다. 물론 마음속으로 갈등도 했지요. 자신의 지위와 가족의 입장도 생각해야 했습니다. 어쩌면 가족에게 좋지 않은 기억을 남길지도 모를 일이었습니다. 하지만 그는 결단력 있는 사람답게 곧바로 행동에 옮기기로 마음먹었습니다. 그리고 하단 굴라에게 물었습니다.

"훌륭하신 자네 할아버지와 내가 어떻게 그렇게 수익성이 높은 일을 함께하게 되었는지 알고 싶지 않은가?"

하단 굴라의 두 눈이 빤짝였습니다.

"저는 어르신이 어떻게 해서 많은 돈을 벌게 되었는지가 무척 궁금합니다. 알고 싶습니다."

샤루 나다는 돈을 번 이유 대신 다른 이야기를 이어갔지요.

"쟁기질하고 있는 저 농부들 이야기부터 하겠네. 내가 자네 또

래였을 무렵, 노에 신세였던 나는 농부들이 일하는 곳을 지나가고 있었다네. 그때 내 옆에서 같이 쇠사슬에 묶여 있던 농부 출신의 노인, 메기도가 저들의 어설픈 쟁기질을 보고 말했지. '저 게으른 사람들을 보게. 쟁기꾼이 밭을 깊게 갈려고 하지 않고, 소몰이꾼도 소를 밭고랑으로 몰고 가지도 못하지 않나? 저런 식으로 밭을 갈아서 어떻게 풍성한 수확을 기대할 수 있으려나?' 하고 말일세."

하단 굴라가 놀라서 물었습니다.

"아니, 어르신이 쇠사슬에 묶여 있었다고요?"

"그렇다네. 목에는 청동으로 만든 금속 고랑이 채워지고, 몸은 무거운 쇠사슬로 연결되어 있었지. 한쪽 옆에는 유명한 도둑 자바도가 묶여 있었고. 나와 메기도 노인, 도둑 자바도 그리고 마지막으로 이름 대신 해적이라고 불리는 남자가 있었는데, 뱃사람들처럼 가슴에 뱀 문신이 새겨져 있었어. 그렇게 우리 네 명은 한 줄로 묶여 걸어가고 있었네. 내가 한때 노예였다고 할아버지가 말해 준 적이 없었나?"

"아뇨, 할아버지께서 어르신에 대해 자주 말씀하셨지만, 그런 이야기는 한 번도 안 하셨어요."

샤루 나다는 하단 굴라의 눈을 보며 진지하게 말했습니다.

"할아버지와 나는 가장 깊은 비밀을 터놓을 수 있을 정도로 서로에 대한 믿음이 강한 사이였네. 자네도 믿을 수 있는 사람인 것 같은데, 비밀을 지켜주겠나?"

"당연하죠. 그런데 정말 많이 놀랐습니다. 어떻게 노예가 되신 건가요?"

"인간의 운명은 어떻게 될지 아무도 모르네. 누구나 노예가 될 수 있다는 말이지. 나에게 재앙을 가져다준 것은 도박과 술이었어. 어느 날 형이 술을 먹고 친구와 싸움을 했는데, 그만 그 친구가 목숨을 잃고 말았어. 형이 법정에 서는 것을 막기 위해 나는 형 친구의 미망인에게 보상금을 담보로 맡겨졌다네. 그런데 아버지가 제때 돈을 구하지 못하자 그 여자는 화가 나서 나를 노예 상인에게 팔아버렸지."

"말도 안 돼요! 너무나 부당한 일이잖아요! 아니, 그런데 어떻게 자유를 되찾게 되신 거예요?"

"내 이야기를 더 들어보게."

샤루 나다는 미소를 지으며 이야기를 들려주었습니다.

일을 대하는 태도의 중요성

우리가 농부들 옆을 지나가자 그들은 우리 모습을 보고 비웃었다네. 한 사람은 누더기 모자를 벗고 낮은 자세로 절을 하며 이렇게 비꼬았지.

"왕의 귀빈 여러분, 바빌론에 오신 걸 환영합니다. 바빌론 성벽에서 펼쳐지는 연회에 진흙 벽돌이 기다리고 있습니다."

해적이라는 사람은 화를 내며 농부들에게 마구 욕을 퍼부었지만, 나는 궁금했다네.

"왕이 성벽에서 우리를 기다린다는 게 무슨 뜻이죠?"

그러자 해적이 말했어.

"우리가 바빌론의 성벽을 짓는 데 동원되어 등골이 빠질 때까지 벽돌을 나를 거라고 놀리는 거야. 아니, 등골이 빠지기 전에 맞아 죽을지도 모르지. 하지만 난 절대 가만히 맞고 있지만은 않을 거야."

그때 메기도 노인이 끼어들었다네.

"주인이 열심히 일하는 노예를 때려죽인다는 것은 말이 안 돼. 말 잘 듣고 성실한 노예는 주인이 대우를 잘해 준다네."

이 말을 듣고 도둑 자바도는 이렇게 말했네.

"열심히 일하고 싶은 사람이 누가 있습니까? 저 농부들을 봐요. 성실하게 최선을 다하는 게 아니라 그냥 일하는 척만 할 뿐이라고요."

자바도는 메기도 노인에게 불만이 있어 보였어. 하지만 메기도 노인은 말했지.

"하루에 1헥타르의 밭을 갈았다면 열심히 일한 거야. 주인들은 그걸 알고 있지. 그러나 반 헥타르만 밭을 갈았다면, 게으름을 피웠다고 생각하겠지. 난 게으름 피우는 것을 좋아하지 않아. 나는 일하는 것을 좋아하고, 기왕이면 열심히 하는 것을 좋아해. 일은 내가 아는 가장 좋은 친구이기 때문이야. 일은 농장과 가축 그리고 농작물과 같이 내가 가진 모든 좋은 것을 가져다주었으니까."

그러자 자바도가 빈정대더군.

"아, 그러시군요. 그런데 지금 그것들은 다 어디로 갔어요? 성벽에 끌려가서 일하게 되면 그때 보자고요. 우리는 물주머니를 나르는 것 같은 쉬운 일을 할 테니 영감은 허리가 휠 때까지 벽돌이나 나르슈."

그날 밤, 나는 앞으로 어떻게 될지 모를 인생이 두려워 좀처럼 잠을 이룰 수가 없었네. 그 순간 우리를 감시하는 고도소라는 경비병과 눈이 마주쳤어. 누군가가 지갑을 훔치면 그자의 목을 베어야 한다고 생각하는 무자비한 인간이었지. 나는 나지막한 목소리로 그에게 물어봤어.

"고도소 님, 바빌론에 도착하면 우리는 성벽 쌓는 곳으로 팔려 가게 되나요?"

"그게 궁금한가?"

"저는 아직 어립니다. 살고 싶어요. 성벽에서 일하다 맞아 죽고 싶지 않습니다. 혹시 좋은 주인을 만날 방법이 없을까요?"

"자넨 좋은 녀석처럼 보이니 말해 주겠네. 잘 들어. 자네들은 대부분 노예 시장으로 팔려 갈 거야. 노예를 사러 오는 사람한테 주인을 위해 열심히 일하는 착한 일꾼처럼 잘 보여야 해. 자네를 사고 싶게 만들어야 하니까. 그렇지 않으면 그다음 날부터 벽돌을 날라야 할 거야. 죽고 싶을 정도로 힘들 거네."

고도소가 가고 난 후 나는 별을 바라보며 앞으로 일어날 일을 생각했어. 메기도 노인은 일이 가장 친한 친구라고 말했는데, 내게도 일이 가장 친한 친구가 될 수 있을지 궁금했지. 지금 내가 처한 상황에서 그렇게 생각하는 것이 도움이 된다면 당연히 그렇게 할 수밖에 없다고 생각했네.

메기도 노인이 잠에서 깨어났을 때 나는 고도소에게 들은 이야기를 그에게 해주었어. 그건 바빌론으로 끌려가는 우리에게 한 줄기 희망이었지.

오후 늦게 성벽에 다다랐을 때 사람들이 개미 떼같이 줄지어 가파른 길을 오르내리는 것이 보였어. 어떤 사람들은 **해자**를 파고 있었고, 또 어떤 사람들은 진흙으로 벽돌을 만들고 있었지. 그런데 대부분은 큰 바구니에 벽돌을 담아 가파른 길로 운반해서 석공들에게 나르고 있었어.

노예 감독관은 대열에서 뒤처지거나 이탈한 사람들에게 욕을 퍼붓고 채찍질을 했지. 너무 지친 나머지 무거운 바구니 밑에 쓰러져 다시 일어나지 못하는 사람들도 있었네. 그런 사람들은 통로 옆으로 밀려나 방치되었어. 길가에 버려진 시체들과 같은 운명이 된 거지. 몸서리 처질 정도로 끔찍한 광경이었네. 노예 시장에서 팔려 가지 않는 노예에게는 그런 곳이 기다리고 있었어.

해자

외부인, 특히 외적으로부터의 침입을 방어하기 위해 주위를 파서 경계로 삼은 구덩이를 말합니다. 방어의 효과를 더욱 높이기 위해 해자에 물을 채워 넣어 연못으로 만들기도 했습니다.

고대 바빌론의 노예 제도

고대 바빌론의 유명한 건축물인 성벽, 신전, 공중 정원 등은 노예들의 노동력으로 지어졌습니다. 노예 중에는 범죄를 저질렀거나 빚을 갚지 못해 팔려 온 바빌론 시민과 외곽 지역의 주민들도 포함되어 있었습니다. 당시에는 돈을 빌리기 위해 자기 자신이나 아내 또는 자녀를 담보로 내놓는 것이 일반적이었어요. 돈을 갚지 못할 경우, 담보로 잡힌 사람들은 노예로 팔렸습니다.

고대 바빌론의 노예 제도는 매우 독특합니다. 노예가 재산을 소유할 수 있을 뿐만 아니라, 심지어 다른 노예를 소유할 수도 있었습니다. 자유인과도 결혼할 수 있었는데, 어머니가 자유인인 경우 자녀는 자유인의 신분이 됩니다. 당시 도시 상인의 대부분은 노예 출신이었는데 이들 중 상당수는 주인과 동업 관계를 유지하면서 자신의 부를 축적하기도 했지요.

고도소의 말이 맞았다네. 성안으로 늘어간 우리는 노예 감옥으로 끌려갔고, 다음 날 아침 일찍 시장으로 향했지. 우리들은 두려움에 사로잡혀 몸을 웅크린 채 떨고 있었고 간수가 채찍질할 때마다 몸을 비틀었어. 그때 노예를 사러 온 사람들이 우리의 몸을 살펴보면서 이것저것 물어봤다네. 메기도 노인과 나는 간절한 마음으로 정말 열심히 대답했네.

그런데 해적은 고분고분하게 말을 듣지 않고 반항했어. 그러자 노예 상인이 왕의 근위대 병사들을 데려와 족쇄를 채우고 채찍질을 했지. 그가 어디론가 끌려가는 걸 보니 너무 불쌍하다는 생각이 들었네.

메기도 노인은 곧 우리가 헤어질 거라 생각했는지 나에게 이런 조언을 해주었어.

"어떤 사람들은 일을 너무 싫어한 나머지 원수 대하듯 한다네. 하지만 친구처럼 대하고 좋아하려고 노력해야 하네. 힘들어도 견뎌야 해. 만약 자네가 멋지고 좋은 집을 짓는다고 생각해 보게. 대들보가 아무리 무거워도, 회반죽에 쓸 물이 아무리 멀리 떨어진 곳에 있어도 문제가 되지 않을 거야. 젊은 친구, 나와 약속하게. 자네에게 주인이 생기면 그를 위해 최선을 다해 열심히 일하겠다고 말이야. 주인이 자네가 하는 일에 고마움을 표하지 않더라도 개의치 말게. 일을 열심히 하면 언젠가는 꼭 보상을 받을 거라는 점을 명심하게. **일은 자네를 더 나은 사람으로 만들어 줄 거야.**"

그때 건장해 보이는 농부가 우리 주위의 울타리로 다가왔어. 메기도 노인은 농부에게 농장과 농작물에 대해 물었고, 자신이 분명히 도움을 줄 수 있을 거라고 말했어. 농부는 노예 상인과 한참 흥정한 뒤 외투 안에서 두툼한 지갑을 꺼냈고, 메기도 노인은 곧바로 그 새 주인과 함께 멀리 사라졌네.

오전에 몇 명이 더 팔렸어. 정오가 되자 경비병 고도소가 내게 귀띔을 해주었네. 노예 상인은 보통 다음 날까지 시장에 머무르는데, 장사가 신통치 않아 오늘은 해가 질 때까지만 있을 거라고 했지. 그럼 남은 노예는 벽돌을 나르는 신세가 된다더군. 참

절망적이었어. 그때 체격이 크고 착해 보이는 남자가 우리 쪽으로 걸어와 빵을 만들 줄 아는 사람이 있는지 물었어. 내가 대답했지.

"나리처럼 훌륭한 제빵사께서 왜 미숙한 다른 제빵사를 찾으시는 겁니까? 저처럼 의지가 있는 자에게 나리의 기술을 가르치시는 편이 더 낫지 않을까요? 저를 보십시오. 젊고 힘도 세고 일하는 것도 좋아합니다. 기회를 주시면 최선을 다해 주인님의 지갑을 금화와 은화로 채워드리겠습니다."

나의 적극적인 태도가 마음에 들었는지 그는 노예상과 흥정을 시작했어. 내게 눈길 한 번 주지 않던 노예상도 그제야 내가 건강하고 능력도 있는 데다 성격도 좋다고 칭찬을 늘어놓았지. 마치 정육점에 팔려 가는 소가 된 기분이었지만, 그래도 거래가 성사되어 기뻤네. 나는 바빌론에서 가장 운이 좋은 사람이라고 생각하면서 새 주인을 따라 길을 떠났네.

새집은 마음에 쏙 들었어. 그리고 주인인 나나 나이드는 마당에 놓인 절구에서 보리를 빻는 법, 오븐에 불을 지피는 법 그리고 벌꿀 빵을 만들 때 쓸 참깻가루를 곱게 빻는 법도 가르쳐주었어. 곡식을 보관하는 헛간에 침상이 있었는데, 나는 거기서

잠을 잤네. 늙은 노예 가정부 스와스티는 나를 잘 챙겨주었고, 나는 그 보답으로 무거운 짐을 나르는 일을 도와주었지.

'이 집에 온 것은 나에게 좋은 기회야.'

나는 이렇게 생각했어. 주인에게 가치 있는 존재라는 것을 보여주고 하루빨리 자유를 찾기를 간절히 바랐지. 나는 주인에게 빵 반죽하는 법과 굽는 법을 가르쳐달라고 했네. 그러자 주인은 기뻐하며 흔쾌히 알려주었어. 얼마 지나지 않아 빵 굽는 일은 내가 도맡아 하게 되었어. 주인은 자신이 일을 안 해도 되니 좋아했지만 스와스티는 "남자에게 할 일이 없는 것은 좋지 않다"라며 못마땅하게 여겼지.

나는 '이제 돈을 벌 방법을 찾을 때가 되었다'고 생각했어. 오전이면 빵 굽는 일이 끝나는데, 오후에 돈벌이가 되는 것을 찾아서 수입을 나누자고 하면 주인도 허락해 줄 거라고 믿었지. 그러다 문득 벌꿀 빵을 더 많이 구워 도시의 거리에서 배고픈 사람들에게 팔면 좋겠다는 생각을 했네. 그날 나는 주인에게 내 생각을 말했어.

"오전에 주인님을 위해 빵 굽는 일이 끝나고 난 후, 오후 시간을 이용하여 돈을 벌면 어떻겠습니까? 그리고 그 수입을 주인 님께도 나누어 드리겠습니다."

주인은 흔쾌히 허락했어. 그리고 내가 벌꿀 빵을 판매할 계 획에 대해 말하자 아주 기뻐했고 이런 제안도 했지.

"빵 두 개를 동화 한 냥에 파는 게 좋을 것 같네. 그중 절반 은 밀가루, 꿀, 불을 때는 장작 등 재료 값으로 떼어두고, 나머지 절반을 나와 자네가 나누어 가지는 것으로 하지."

수입의 4분의 1을 내가 가져가도 좋다는 주인의 관대한 제 안에 나는 무척 기뻤네. 그날 밤 나는 벌꿀 빵을 담을 쟁반을 만 들기 위해 밤늦게까지 일했어. 주인은 내게 어울릴 만한 외투를 주었고, 스와스티는 그 옷을 내 몸에 맞게 수선하고 깨끗하게 세 탁도 해 주었지.

다음 날, 나는 시내에서 팔기 위해 벌꿀 빵을 넉넉하게 구웠 어. 쟁반 위에 놓인 갈색의 벌꿀 빵은 먹음직스럽게 보였다네. 나 는 큰 소리로 빵을 사라고 외쳤지. 처음에는 아무도 관심을 보이 지 않아서 실망했지만, 오후가 지나고 사람들이 배고픔을 느낄 때쯤 빵이 팔리기 시작했어. 그리고 얼마 지나지 않아 모두 팔렸다네. 주인은 나의 성공에 크게 기뻐하며 흔쾌히 내 몫을 챙겨주었어.

나는 한 푼이라도 내 돈을 갖게 되어 얼마나 기뻤는지 모르네. '주인은 성실하게 일하는 노예를 인정한다'는 메기도 노인의 말이 맞았던 셈이지. 성공에 흥분한 나머지 나는 그날 밤 잠을 이루지 못했고, 1년에 얼마를 벌 수 있는지, 그리고 자유를 얻으려면 몇 년이 걸릴지도 계산해 보았네.

매일 빵을 팔다 보니 단골손님도 생기기 시작했어. 그중 한 사람이 다름 아닌 자네의 할아버지 아라드 굴라였네. 그는 주로 주부들에게 양탄자를 팔았어. 나귀에 양탄자를 가득 싣고 흑인 노예와 함께 시내 구석구석을 돌아다니며 열심히 장사를 했지. 늘 자신과 노예가 먹을 빵 두 개를 샀고, 빵을 먹으면서 나와 이야기를 나누었다네. 자네 할아버지는 내게 도움이 될 만한 이야기를 많이 해주었어.

어느 날은 내게 평생 잊지 못할 말을 들려주었지.

"나는 자네가 만든 빵도 좋아하지만, 빵을 팔려는 자네의 적극적인 자세가 더 맘에 드네. 그런 자세를 계속 유지한다면 분명히 성공할 수 있을 걸세."

살아남기 위해 몸부림치는 젊은 노예에게 그 말은 정말 큰 힘이 되었다네.

그 후 몇 달이 지났고, 나는 계속해서 지갑을 채워갔어. 허리춤이 점점 묵직해졌지. 메기도가 말한 대로 일은 나의 가장 친한 친구가 되었어. 나는 하루하루가 즐거웠지. 그런데 스와스티는 걱정이 점점 많아졌어. 불안이 가득한 표정으로 "주인님이 도박장에서 점점 더 많은 시간을 보내고 있어"라고 말했지. 나는 대수롭지 않게 생각했어.

그러던 어느 날, 길거리에서 우연히 메기도 노인을 만났다네. 옛 친구를 만난 것처럼 너무 반가웠지. 그는 채소를 가득 실은 나귀 세 마리를 끌고 시장으로 가고 있었어. 그가 나를 보고 이렇게 말했어.

"오랜만이네. 난 정말 잘 지내고 있네. 열심히 일하니까 주인이 나를 높이 평가해 주었어. 그래서 나를 믿고 시장에서 물건 거래하는 일을 맡겼고, 가족도 이곳으로 불러서 함께 살게 해주었다네. 열심히 일한 덕분에 큰 어려움에서 벗어나고 있지. 언젠가는 자유를 얻어 다시 한번 내 농장을 갖는 꿈을 꾸고 있고 말이야."

시간이 지날수록 주인은 내가 장사를 마치고 돌아오기를 점점 더 초조하게 기다렸어. 내가 돌아오면 곧장 돈을 세서 나누었고, 빵을 더 많이 팔라고 재촉했지. 나는 종종 성문 밖으로 나가 성벽을 쌓는 노예의 감독관들에게 빵을 팔았어. 노예들이 일하는 불편한 광경을 보기는 싫었지만, 감독관들이 빵을 잘 사주었기 때문에 성벽으로 가는 날이 점점 더 많아졌다네.

어느 날은 양 도둑 자바도가 벽돌을 바구니에 채우기 위해 줄을 서서 기다리는 모습을 보고 깜짝 놀랐다네. 그는 무척 초췌해 보였고 허리도 구부정했어. 그의 등은 감독관들의 채찍질 때문에 핏자국과 상처로 가득했지. 안타까운 마음에 그에게 빵을 건넸더니 배고픈 짐승처럼 달려들어 먹어 치웠어.

언젠가 자네 할아버지가 "자네는 왜 그렇게 열심히 일하는가?"라고 내게 물은 적이 있었지. 자네도 오늘 나에게 그런 질문을 했지 않나? 나는 메기도 노인이 말한 것처럼 일이 나의 가장 친한 친구라고 말했다네. 지금까지 돈을 모아 두툼해진 지갑을 자랑하면서 내가 자유를 얻기 위해 어떻게 돈을 모으고 있는지 설명했지. 그러자 자네 할아버지가 묻더군.

"자네는 자유인이 되면 무엇을 할 건가?"

"상인이 될 겁니다."

그런데 그때, 자네 할아버지가 전혀 예상하지 못한 비밀을 내게 털어놓았다네.

"사실은 나도 노예라네. 주인과 동업하고 있는 거야."

할아버지가 남긴 위대한 지혜

가만히 이야기를 듣고 있던 하단 굴라가 그 순간 소리쳤습니다.

"무슨 말씀이시죠? 할아버지를 비방하는 소리 따위는 듣지 않겠어요. 우리 할아버지는 노예가 아니었어요."

그의 눈빛에 화가 일렁였지만 샤루 나다는 침착함을 유지했습니다.

"내가 왜 그런 거짓말을 하겠나? 나는 불행을 딛고 일어나 다마스쿠스의 명예로운 시민이 된 자네 할아버지를 존경하네. 손자인 자네에게도 같은 피가 흐르고 있지 않나? **자네는 진실을 직시하며 살겠는가, 아니면 거짓된 환상 속에서 살고 싶은가?**"

하단 굴라는 안장 위에서 몸을 곧추세웠습니다. 그리고 깊은 감정을 억누르면서 대답했습니다.

"할아버지는 모두에게 사랑받는 분이었습니다. 헤아릴 수 없을 만큼 많은 선행도 하셨고요. 다마스쿠스에 흉년으로 기근이 닥쳤을 때 할아버지는 이집트로 사람을 보내 곡식을 가져와서는 사람들에게 나눠주어 굶어 죽는 사람이 없도록 했습니다. 그런데 어르신은 할아버지가 바빌론에서 멸시받는 노예였다고 말씀하시는군요."

샤루 나다가 말했습니다.

"계속 바빌론의 노예로 남아 있었다면 멸시를 받았을지도 모르지. 하지만 자신의 노력으로 다마스쿠스에서 위대한 인물이 되었고, 신들조차 할아버지의 불행에 용서를 구하고 존경심을 표했네. 자신이 노예였다고 말한 후, 자네 할아버지는 자유를 얻기 위해 얼마나 노력했는지도 내게 말해 주었다네. 그런데 막상 자유를 살 수 있을 만큼 충분한 돈이 생겼을 때는 머뭇거리기도 하셨지. 더 이상 팔려 가는 일은 없어졌지만 주인 곁을 떠나는 것이 두려웠던 거야."

샤루 나다는 이야기를 계속 이어갔습니다.

자네 할아버지의 말을 듣고 나는 말했네.

"더 이상 주인에게 집착하지 않으셔도 됩니다. 자유인처럼 행동하고 자유인답게 성공하실 수 있는 분이시잖아요? 분명 신들이 도와줄 거예요."

자네 할아버지는 내게 고맙다는 말을 남기고 바빌론을 떠났다네.

시간이 지난 후 평소처럼 빵을 팔러 성문 밖에 나갔는데 어디선가 사람들이 많이 모여 있더군. 이유를 물어봤더니 구경하던 사람 중 하나가 이런 말을 했어.

"왕의 근위병을 죽이고 도망친 노예가 붙잡혔는데, 오늘 채찍에 맞아 죽는 형벌을 받는대요. 왕도 형 집행에 직접 참석한답니다."

사람들이 너무 붐벼서 빵을 담은 쟁반이 뒤집힐까 봐 가까이 가기가 겁이 났어. 그래서 다른 사람들보다 더 높은 곳에서 보기 위해 공사 중인 성벽을 타고 올라갔지. 운 좋게도 느부갓네살 왕이 황금 마차를 타고 지나가는 모습을 볼 수 있었지. 금색옷을 입고 화려하게 치장한 왕의 모습은 화려하고 웅장했어.

그리고 불쌍한 노예의 비명 소리가 들려왔어. 차마 그 모습은 눈 뜨고 못 보겠더군. 노예가 숨을 거두자, 지나가는 사람들이 볼 수 있도록 시체를 기둥 꼭대기에 매달았어. 사람들이 흩어지기 시작할 때 나도 그 시체를 봤다네, 가슴에 털이 많고 두 마리의 뱀이 얽혀 있는 문신이 보였어. 그 노예는 바로 예전의 그 해적이었다네.

그리고 얼마 후에 나는 자네 할아버지를 다시 만났어. 완전히 다른 사람이 되어 있더군. 열정에 가득 찬 목소리로 나를 반겼어.

"이제 진정한 자유인이 되었네. 자네가 내게 한 말에는 마법 같은 힘이 있었어. 내 매출과 수익이 부쩍 늘었다네. 아내도 무척 기뻐하고 있어. 자네 말대로 일은 나에게 최고의 조력자가 되었네. 그 덕분에 자신감도 생기고 장사하는 기술도 늘었어."

자네 할아버지에게 내가 조금이나마 보탬이 되었다는 생각에 너무나 기뻤다네.

어느 날 저녁, 스와스티가 슬픈 표정을 하고 나를 찾아왔어. 주인이 곤경에 처했다는 이야기였지.

"지금 주인이 아주 난처한 상황에 빠진 것 같아. 몇 달 전에 도박장에서 많은 돈을 잃었거든. 그래서 농부들에게 곡물값과

꿀값도 지불하지 못했대. 대금업자에게도 돈을 빌린 것 같아. 빚쟁이들이 쫓아와서 주인을 협박하고 있어."

"왜 주인의 어리석음을 걱정하는 거죠? 우리는 주인의 보호자가 아닌걸요."

그러자 스와스티가 말했지.

"이 어리석은 친구야, 아직도 잘 모르겠어? 주인이 돈을 빌리면서 네 소유권을 담보로 맡겼어. 법에 따라 다른 데로 팔려갈 수 있다고! 나도 어떻게 해야 할지 모르겠어. 참 좋은 주인이었는데. 왜 이런 불행이 닥친 건지……."

스와스티의 우려는 현실로 나타났어. 다음 날 아침 빵을 굽고 있는데, 한 대금업자가 사시라고 하는 남자와 함께 찾아왔어. 그는 나를 훑어보더니 이렇게 말하더군.

"나중에 주인이 돌아오면 자네를 데려갔다고 말하라고 스와스티에게 일러두었네."

나는 빵을 굽다 말고 겉옷만 걸치고 허리춤에 돈 지갑만 챙긴 뒤 서둘러 그 집을 떠날 수밖에 없었어. 허리케인이 몰아쳐 숲에 있는 나무를 뿌리째 뽑아 파도가 치는 바닷속으로 던져버리듯, 나의 소중한 꿈도 한순간에 사라지고 말았지. 또다시 도박장과 술이 나를 재앙으로 몰아넣은 거야.

사시는 무뚝뚝하고 퉁명스러운 사내였어. 그와 함께 가는 동안 나는 그에게 주인이었던 나나 나이드를 위해 내가 해온 일들을 설명했고, 이제는 새 주인을 위해서 열심히 일하겠다고 말했지. 하지만 그의 대답은 내 기대와 크게 달랐어.

"난 그런 거 관심 없어. 내 주인도 마찬가지일 거야. 왕께서 대운하의 한 구간을 건설하도록 명하셨지. 그래서 주인은 노예를 더 모아서 그 일을 하루빨리 끝내려고 할 거야. 그나저나 그렇게 큰 공사를 빨리 끝낼 수 있을지 걱정이군."

나무 한 그루 없이 마른 풀만 무성한 사막에 태양이 강렬하게 내리쬐었어. 물통에 담긴 물조차 너무 뜨거워져 마실 수 없는 상황을 상상해 보게. 낮부터 어두워질 때까지 흙먼지가 날리는 길에서 무거운 흙 바구니를 짊어지고 한 줄로 서서 깊은 굴속으로 내려가는 광경을 상상해 보라고. 돼지 여물통에 담긴 음식을 허겁지겁 집어 먹는 모습도 상상해 보게. 천막도 없고 바닥에 깔 짚단도 없이 말이야. 그게 내가 처하게 된 상황이었네. 나는 돈이 든 지갑이 발각되면 모두 빼앗길까 봐 아무도 모르는 땅에 다시 파묻고 표시를 해두었어.

처음에는 열심히 일했지만, 몇 달이 지나자 정신력이 약해지는 것을 느꼈어. 몸은 지쳤고 열병에 걸리고 말았지. 입맛을 잃어서 음식을 거의 먹지 못했다네. 그리고 밤에는 잠도 제대로 이룰 수 없었고 말이야.

이런 비참한 상황이 되고 보니 '적당히 일하는 것이 좋다'고 했던 자바도의 말이 생각났어. 하지만 그의 마지막 모습이 떠올랐고, 나는 그의 생각이 옳지 않다고 다시 마음을 고쳐먹었어. 어떨 땐 해적의 비장한 표정을 떠올리며 '차라리 싸우다 죽는 게 나은 걸까?' 하는 생각도 했다네. 하지만 피투성이가 된 그의 모습을 떠올리니 고개를 저었지. 나는 메기도 노인의 마지막 모습을 떠올렸어. 그의 손은 고된 노동으로 굳은살이 깊게 박혀 있었지만 마음은 가벼웠고 얼굴 표정은 행복함으로 가득 차 있었지. 그래 맞아, 그가 말한 대로 하는 것이 최선이라고 나는 결론을 내렸어.

그 후 나도 메기도 노인처럼 열심히 일했네. 거기 있는 누구보다도 열심히 일했지. 그래도 상황은 좀처럼 나아지지 않았다네. '왜 나에게는 행복과 성공이 찾아오지 않을까? 일이 메기도 노인에게 행복을 가져다준 것이 정말 맞을까? 행복과 성공은 그저 신의 손바닥 안에만 있는 게 아닐까? 내 열망도 채우지 못하고 행복과 성공도 얻지 못한 채 남은 인생을 이렇게 일만 하며 살아야 하는 걸까?' 이런 생각들이 계속 머릿속에 맴돌았고, 답을 찾지 못한 나는 너무나 혼란스러웠다네.

며칠 후 인내심이 한계에 도달했을 때, 사시가 나를 찾아왔어. 새 주인한테 연락받았다면서 나를 다시 바빌론으로 데려간다고 말하더군. 나는 내 소중한 지갑을 꺼내고 너덜너덜해진 옷으로 몸을 감싸고 길을 떠났어. 도시로 가는 동안 이런저런 생각이 내 머릿속을 계속 맴돌았어. 그때 내 고향 마을 하룬에 전해 내려오는 기묘한 성가 구절이 내 귓가에 들리는 것 같았네.

회오리바람이 남자를 에워싸고,
폭풍우가 남자를 몰아붙이고,
누구도 그의 길을 예측할 수 없네.
누구도 그의 운명을 알 수 없네.

'나는 무엇 때문에 이렇게 벌을 받는 운명이 된 걸까? 어떤 새로운 불행과 실망감이 나를 기다리고 있을까?' 이런 생각을 하며 새 주인의 집 마당에 들어선 나는 정말이지 깜짝 놀랐다네. 자네 할아버지 아라드 굴라가 나를 기다리고 있었던 거야!

자네 할아버지는 오랫동안 잃어버린 형제를 만난 것처럼 반기면서 안아주었네. 노예들이 으레 그렇듯 새로운 주인으로 섬기겠다고 말하니, 내 팔을 감싸 안으며 말했다네.

"자네를 찾으려고 백방으로 수소문했네. 그런데 계속 허탕만 치고 거의 포기 상태에 이르렀을 때 우연히 스와스티를 만났어. 그녀는 대금업자에 대해 말해 주었고, 대금업자가 자네의 주인에게 나를 데려다주었네. 그자는 터무니없는 값을 제시했지만 나는 기꺼이 돈을 지불했네. 자네는 그만한 가치가 충분히 있는 사람이니까. 자네의 철학과 삶에 임하는 자세가 나의 새로운 성공에 영감을 주었으니까 말이야."

"제 철학이 아니라 메기도 노인의 철학이었어요."

"메기도 노인과 자네의 철학이지. 두 사람 덕분이야. 이제 우리 부부는 다마스쿠스로 갈 작정인데 사업 동료로 자네가 필요하네. 자, 이것 보게! 자네는 자유인이 될 거야."

그러고는 허리춤에서 내 이름이 적힌 점토판을 꺼냈어. 노

예 증서였지. 자네 할아버지는 그것을 머리 위로 들어 올리더니 자갈밭으로 던져 산산조각을 냈다네. 나는 너무나 고마운 나머지 눈물이 펑펑 났어. 내가 진정 바빌론에서 가장 운이 좋은 사람이라는 것을 느끼게 된 순간이었네. **결국 내가 가장 고통스러울 때 일이 나의 가장 좋은 친구였음이 증명된 거지. 일하고자 하는 의지 덕분에 성벽의 노예로 팔려 가지 않을 수 있었고, 자네 할아버지가 깊은 인상을 받아 나를 동업자로 선택한 거야.**

이야기를 다 듣고 난 하단 굴라가 샤루 나다에게 물었습니다. 조금 전보다 한결 차분해진 모습이었지요.

"할아버지가 부자가 될 수 있었던 비결이 결국 일이었다는 말인가요?"

샤루 나다가 대답했습니다.

"내가 자네 할아버지를 처음 봤을 때부터 그랬네. 일이 유일한 비결이었지. 자네 할아버지는 일을 정말 사랑하는 분이셨어. 신들이 그 노력을 높이 사서 아낌없이 보상해 준 거야."

"그렇군요. 이제 좀 알 것 같습니다. 할아버지가 열심히 일하셨기 때문에 사업에 성공할 수 있었고, 많은 사람이 존경하는 인물이 된 거군요. 다마스쿠스에서 그토록 원했던 명예도 누리게 되셨고요. 일이 할아버지에게 그 많은 재물을 가져다주었는데, 저는 어리석게도 일은 노예들만 하는 것이라고 생각했네요."

샤루 나다가 다시 말했습니다.

"인생은 즐거움으로 가득 차 있네. 하지만 각자의 자리가 있는 법이야. 나는 일이 노예들만이 하는 것이 아니라서 기쁘네. 만약 그랬다면 인생에서 가장 큰 즐거움을 빼앗겼을 테니까 말이야. 지금 나를 즐겁게 해주는 것은 많지만, 일을 대신해 줄 수 있는 것은 없네."

샤루 나다와 하단 굴라는 우뚝 솟은 성벽 그림자를 따라 바빌론의 거대한 청동 성문 앞에 도착했어요. 그들이 다가오자, 성문 경비병들이 정중하게 경례했습니다. 샤루 나다는 긴 대상 행렬을 이끌고 성문을 통과해 도시의 거리로 들어갔습니다. 하단 굴라는 샤루 나다에게 이렇게 고백했습니다.

"솔직히 할아버지 같은 사람이 되고 싶었습니다. 하지만 전에는 할아버지가 어떤 분인지 몰랐습니다. 말씀을 들어보니 이제 알겠네요. 할아버지를 더욱 존경하게 되었고 할아버지 같은 사람이 되겠다는 결심이 더 굳어졌습니다. 할아버지 성공의 비결을 알려주신 어르신께 감사드립니다. 오늘부터 당장 할아버지의 성공 비결을 실천하겠습니다. 할아버지께서 하신 것처럼 겸손한 자세로 시작하겠습니다. 그것이 그 어떤 보석이나 좋은 옷보다 저에게 훨씬 더 잘 어울리니까요."

하단 굴라는 이렇게 말하고, 귀걸이를 떼어내고 손가락에 낀 반지도 뺐습니다. 그러고는 공손히 샤루 나다의 뒤를 따랐습니다.

일, 진정한 나 자신이 되는 길

인간을 부르는 여러 학명 중에 '호모 라보란스(Homo Laborans)'라는 말이 있습니다. 이 말은 '일하는 인간'이란 뜻이지요. 인간은 지구상에 처음 등장했을 때부터 일을 했습니다. 당시 일의 1차적 목적은 '생존'이었습니다. 인류가 등장한 이래 시작된 일은 여전히 생업(生業)의 역할을 다하고 있습니다. 하지만 인간은 더 이상 일을 생존의 도구로만 사용하지는 않습니다.

지금은 AI와 공존하는 시대입니다. 따라서 AI가 없던 시절에는 인간만이 할 수 있었던 일들을 AI와 공유하고 있습니다. 더 나아가 AI는 단순한 기계노동에서 의학, 정치, 예술, 문화 등으로 그 영역을 확장하고 있습니다. 일부 사람들은 AI의 영역이 확장되는 것을 보고, 사람의 일자리를 점점 빼앗기는 것은 아닌지 걱정을 합니다. 이런 시대에 사는 우리는 일을 어떻게 대해야 할까요?

사람은 진정으로 원하는 일을 할 때 자신의 가치를 깨닫습니다. 미국의 작가 앨버트 하버드(Elbert Hubbard)는 "우리가 일을 하는 것은 소유를 위한 것이 아니라 진정한 자신이 되기 위한 것이다"라고 했습니다. 일을 통해 더욱 성숙한 자신을 발견한다면 일을 대하는 태도가 달라질 거예요. 그러면 결과도 더욱 긍정적으로 변하겠지요. 여러분은 앞으로 어떤 일을 통해서 진정한 '나'를 만나고 싶은가요?

바빌론의 부자 멘토와 꼬마 제자

초판 1쇄 발행 2024년 5월 25일
초판 6쇄 발행 2024년 9월 12일

지은이 조지 S. 클레이슨
옮긴이 김용준
펴낸이 한보라

디자인 봄바람
스토리 리라이팅 스토리베리

펴낸곳 퍼스트펭귄 콘텐츠 출판등록 2023년 7월 21일 제 2024-000025호
전화 070)8866-7990 팩스 031)8057-7990
이메일 1stpenguin@1stpenguin.be
종이 (주)월드페이퍼 인쇄·제본 더블비

ISBN 979-11-986825-2-9 (43300)